有一種分手叫不遺憾

練習停止內耗，走出不安和失控，
戀愛需要理解彼此、成全自己

AWE情感工作室
文飛（Dana）

前言

如果他必須要「更好」才值得被愛，那愛他的我又是什麼？

這是一本關於分手的書

這幾年我自己經歷了一場非常刻苦銘心的分手，是段分分合合、剪不斷理還亂的經驗，是一場很複雜的分手與失戀，從一開始近乎癱瘓的崩潰直到自己真正重生，前前後後大約經歷了兩年多的時間。

而這本書之所以會誕生，是因為我發現不管看再多關於失戀的書籍，或看再多網路上關於分手的鼓勵文字，似乎都無法給我心靈的平靜。我總還是覺得哪裡怪怪的，仍然覺得自己無法逃脫出情緒起伏的循環，感覺看完了那些文字的自己，仍然沒有真正解決問題。雖然可以短時間內地保持好心情，但當刺激自己的事情又出現時，同樣的問題還是會反覆的浮出來。

兩年的時間，讓我從每個不同階段慢慢走出來的關鍵有三個：

❶真正了解對方做出其選擇的原因（不做有價值判斷的責任歸咎）

❷不尋找標準答案（其他人的經驗當作參考即可，致力於找出屬於自己的答案）

❸了解我們與自己的關係（對於外界的感受都是一種自我投射，源自於內在的自我認知與自我定位）

在網路上流傳的關於失戀分手的文字論調，不外乎都是要把關係內的問題外化♥到對方身上，好像只要把對方定義成「不值得的」、只要認為自己「值得更好的」，並且相信這個論點，就能「走出來」。如果說我們的目的是「扼殺與此對象的關係，來讓自己不再去觸碰這個傷口」，那我覺得是非常好的方法。但是對我來說，那只是在逃避真正的問題罷了。

如果我要選擇這樣的觀點，勢必我就得否定過去愛上他的自我，但我並不認為愛上對方是一個錯誤。我曾經受到對方滿滿的愛而得到救贖與安慰，我們一起經歷了許多事情，擁有許多對我來說極度珍貴、美好的回憶。我會覺得，如果沒有他，就沒有今天的我，我不會變得溫柔、懂得同理他人，甚至懂得怎麼愛。他是我見過最勇敢、最體貼、最慷慨、最懂得怎麼讓別人更喜歡自己的人。怎麼會因為對方在關係後期

♥外化是指將問題的責任歸屬放到自己以外的外界事物上，例如環境、事件、狀況、他人。不選擇去正視自身可能帶有的責任與問題的觀點。

「只是做出了有利於他的選擇」就可以抹滅掉呢？

我不會一昧的否定我們常看到的「外化式」的情感失戀解藥，但我認為這樣的論調比較適合需要「被叫醒」的人，那些真正遇到「渣男／渣女」而不自知的人。但是我認為大部分的人所面臨的狀況並非如此極端。大部分的人所遇到的，都是遇到傷痛時，會選擇保護自己的「一般人」。而保護自己的行為，有時候會不小心傷害到對方。

對前任懷抱敵意，就無法療癒內心的創傷

在這邊想要定義一下所謂的「渣男／渣女」。我並不認為「不選擇我」、「違背承諾」就等於渣，但似乎很多人都是這樣定義的。我們容易把傷害我們的人不分青紅皂白就直接當成壞人，因為這樣比較簡單。我所認為的渣，必須滿足兩個條件：一是「蓄意的欺騙」。二是「缺乏正常人的羞恥心」。意思是說對方是打從一開始就是要占你便宜，打從一開始就想要欺騙你，並且對於對他人造成的傷害沒有任何的悔意的

人，對我來說才是所謂的「渣人」。

我們面對的人大多只是普通人，並非有意去傷害、欺騙他人的人，為了自保而不小心傷害到別人的人。

倘若我對於前任抱有敵意，以現在的我回頭來看，我根本不可能真正學會如何去愛、不可能去面對那些我該去面對、療癒的創傷。但我能理解對前任抱持敵意這件事，對於想要趕快讓問題消失、不要繼續痛苦下去的人來說是相對簡單的。因為只要我對對方抱有敵意，把對方粗暴地定義成「不值得的人」或「壞人」，而我就是那個「值得更好的人」或「受害者」，那一切都變得非黑即白，變得單純，不必去思考很複雜、充滿灰色地帶的現實，我就能很快地啟程，開始積極尋找下一個「更好的對象」。

當我們冷靜下來，不再與感情的刺激源（前任或與前任有相關的人事物）有過多接觸，好好地回頭檢視這段關係：自己是否真正感到快樂過？真正感覺到自己被這個人完整地接納過？跟對方相處是否有很放鬆、安定的時期？

如果沒有，那有可能真的是遇到渣男渣女了。

但是同樣地，我並不認為把問題歸咎在「遇到了爛對象」是解決問題的好方式，因為嚴格說起來，那同樣是在逃避自身責任。如果我們認真的去思考，會發現允許對方用渣的方式對待自己的，其實就是我們本身，真正該問自己的問題是為什麼自己會被這樣的人吸引？並且容許這樣的對待？在這樣的對待出現時，為什麼我們選擇的是承受？甚至騙自己、幫對方找理由？若我們不去面對自身的問題與責任，有極高可能會再度遇到渣男渣女，甚至會透過自己的行為舉止激發普通人的「渣力潛能」。

「你值得更好的」這句話，我相信很多人在失戀的時候都聽過親朋好友對我們說過。我們都能了解他們的出發點立意良善，都是希望我們趕快好起來。但其實對於當事人來說，常常是很傷人的一句話。為了尊重自己的感受，而不是為了親友的善意而忽略自己，我花了很多時間去想為什麼這句話對我來說讓我如此受傷。

我好困惑，如果他必須要「更好」才值得被愛，那愛他的我又是什麼？那是不是我也要「更好」才能被愛呢？為什麼你們都說我值得更好的？為什麼同樣是不完美的人，你們認為只有我值得被愛？如果我同意了你們，認為對方必須要更好才行，那我又該怎麼樣定義自己？是不是我也只有「好」的地方才值得被愛？意思是我要否定自己不好的地方嗎？那這又是愛嗎？我真的值得嗎？我憑什麼覺得自己值得被愛？憑什麼值得更好的？我到底該怎麼看待我自己？我該怎麼看待他？好多好多的矛盾，讓我不知道該如何面對。

並不是要否定那些會說「你值得更好」的人，他們只是在做好「跟你同一國」的角色。但是我並不認為這樣的話對於面臨分手、失戀，想要解決自身問題、想要負起責任的你是有幫助的。

這個時候我們需要的是這樣的朋友：一個不會對你面臨的狀況、你的對象、關係裡任何一個人的所作所為，下任何他自己的「價值判斷」的人。一個了解自己並非當事人，不能隨意下定論的朋友；你需要一個真正懂得聆聽，不會把自己的問題與恐懼投射到你的感情上面的朋友。

這樣的朋友可遇不可求，而我很幸運的，是在這條路上我擁有一個這樣的朋友。

讓我可以很安心的把自己的所有不管是光明還是黑暗的想法、感受分享給她知道的人。她了解人性的脆弱與現實的灰色地帶，她不會隨意斷定誰有價值誰沒價值。所以我不用擔心自己或是自己所愛的人會受到批判，她的存在給了我很多幫助跟信心，而今天這本書會誕生，跟她一路上陪伴我、聽我講故事有很大的關係。她給予我的信任，總是在我很焦慮的時候給我一劑強心針。她對於生活那種忠於自身的態度，也給了我很多啟發。真的很謝謝李心錡，妳真的是一個很棒的朋友，我愛妳！

目錄

Chapter 1

關於分手的迷惘

Chapter 2

關於現實的六個真相

Chapter 3

關於分手的過去、現在、未來

Chapter

1

關於分手的迷惘

“

很多人理性上都知道，面對分手的教科書式的正確態度就是「最後回頭看，你會感謝你經歷的一切」或「一切的安排就是最好的安排」這樣的概念與信念。這的確沒有問題，對於已經走出來的過來人來說這絕對沒錯。但是，這對還在走這條路的人來說，聽起來會像是一個非常漂亮、理想化的幹話（就跟「愛自己」一樣，聽了就會高潮，但你可能還是不懂到底「愛自己」講的到底是什麼、該怎麼執行才對）。

所以，為了不要讓這句話顯得太像幹話，我要一步一步，從頭帶領你走這條我自己開的路。我不知道這條路之前有沒有先人走過，但至少我知道這是我一步一腳印，用痛與挫折刻劃，慢慢領悟出來的東西。

”

分手使認知與現實產生了衝突

愛情顧問也會分手，在不斷失敗中認識自己跟找到解決方法

分手，對現代人來說是除了死亡之外最可怕、最讓人痛苦的一件事吧。我的人生活到現在，還沒有任何一件事能夠比擬失戀的衝擊，讓我的世界這樣翻轉與促進前所未有的深層自省（愛情一直有這種使我不斷挖掘自我的力量）。

這次的失戀，因為跟一個我真的很愛很愛的對象分開，分手的感覺很像自己原本

建構的世界崩解了。很像是小時候花好多時間拼的拼圖、蓋的積木建造一下被破壞掉或好不容易打完的作業沒存檔，又要從頭重新開始的那種無法言喻的挫折感。

也許很多人會以為，好像就應該要談感情無往不利、毫無障礙才有當愛情顧問的資格。我無法代表其他愛情顧問發言，但我知道自己並不是因為毫無障礙而能當愛情顧問的。

正好相反，因為我一開始也是很不會談戀愛的人，我擁有許多的失敗經驗，於是去克服、進步並且一點一滴得到自己想要的結果，所以我才有辦法當一個好的愛情顧問。因為我知道其他人正在面臨的障礙、盲點，他們需要聽到什麼才會有信心，需要做什麼樣的練習。我知道他們所經歷的，我可以自信的認為就是因為我自己也經歷過那些痛苦，所以我才可以成為一個好的愛情顧問。

有個貴人曾經告訴我：「你會比別人經歷更多感情挑戰。」當我聽到這句話時實在是覺得很沮喪，因為我會走上愛情顧問這條路的原因，就是因為我不想要再經歷什麼感情挑戰，才拚了命去想要根本地解決問題啊！怎麼最後這麼矛盾，我還要經歷比別人多的挑戰？老天爺啊！為什麼！

但現在回頭來看，我會覺得這就是我的天命吧。因為當我經歷相同的痛，甚至去克服比任何人遇到的狀況都困難、痛苦的情緒，我才能真正的了解、同理正在經歷這個歷程的人的感受，以及什麼東西才是真正有用的。我一定要自己先走過，藉由自己的親身經歷，殺出屬於自己的一條血路。對我來說，**如果想要根本地解決自己感情中的問題，我就不能只是「參考」其他專家的方法，我得四面八方地自己搞懂整件事情才行得通。**

我相信很多人理性上都知道，面對失戀跟分手最政治正確的態度，就是：「最後回頭看，你會感謝你經歷的一切」或「一切的安排就是最好的安排」這樣的概念與信念。這句話絕對沒有問題，但是對於還在走這條路的人來說，這是一個非常漂亮、理想化的「幹話」（就像是我們已經很常聽到的詞「愛自己」一樣，聽了就會高潮，但說到底你可能還是不懂到底「愛自己」到底講的是什麼、該怎麼執行才對）。

為了不要讓這句話顯得太像幹話，我要一步一步，從頭帶領你走這條我自己開的路。我不知道這條路之前有沒有先人走過，但至少我知道這是我一步一腳印，用痛與挫折刻劃，慢慢領悟出來的東西。

分手這件事最先衝擊我們的，一定是「現實」（分手）與「自我認知」（我本來覺得我們的感情應該要這樣發展）的落差。不論是對被分手的一方，還是提分手的那方來說，這樣的落差會讓人很難以接受，並且產生巨大的抗拒，在我們內心產生很多衝突跟矛盾。

現實（分手）用很暴力的方式硬是打破了我們的「自以為」，自以為這段關係會走到最後、自以為這段關係不會有問題、自以為就算有問題兩個人都會願意一起度過、自以為對方不會選擇離開我們或我們不會選擇離開對方。

然後就會陷入一個兩難，我們不知道自己到底該「向現實妥協」還是「堅持原本自我認知的理想」。

如果接受現實，好像等於承認自己輸了，或是放棄相信最美好的事情會發生在我們身上，好像我們就要走上一條「人生很普通」或會「充滿遺憾」的一條路。

但是如果選擇「堅持理想」呢？因為現實狀況已經在告訴我「理想就是理想，已經幻滅了」，還要像個笨蛋一樣繼續堅持嗎？一方面已經很累、不舒服、想放棄了；另外一方面是，如果花了大把力氣、時間都花在實現這個不知道最後會怎樣的理想上，最後發現還是要接受現實。那我浪費掉的時間、心力、金錢影響到我日後的選擇怎麼辦？

如果是被分手的人，所面臨的「向現實妥協」會是：「接受我們結束了，不再有跟這個人創造美好感情的可能了，所以我要往前，不要等也不要執著了。下一個會更好。」而面臨的「堅持理想」則是：「繼續堅持，甚至思考怎麼挽回對方，認為理想必須在彼此身上才能實現。」

如果是想提分手的人，所面臨的「向現實妥協」會是：「接受對方就是最好的，不要再想要更多，懂得惜福感恩現有的。」而面臨的「堅持理想」則是：「我有可能得到更好更棒的，所以不要把時間心力花在讓自己覺得有離開、懷疑念頭的感情上。」

有「不會出錯」的選擇嗎？

現實與理想的衝擊會使我們陷入兩難，並且好像選哪邊都不對的感覺。我就是陷入了這個兩難，一方面很想趕快結束痛苦，另外一方面卻騙不了自己的情感。我也試過用很多方法，想要透過理性的方式，告訴自己這些感情只是一個機械式的 output，不過就只是因為自己投入太多時間精力 input 之下的結果而已。只要去搞懂機制作用，我就可以把這個情感弄不見，做出對自己來說「最好的選擇」。

所以我們反覆思索，希望找出一個「不會出錯」的最終選擇。但兩難之所以是兩難，就是因為兩者的快樂痛苦程度不會差太多，因此幾乎不可能找到真的讓我們百分之百確定的答案。除非狀況真的變得一面倒，其中某個選擇變得明顯看起來比較不痛苦，但是大部分的人面臨的狀況並非如此單純。

如果面臨的狀況是對方「不專一」的情形，很多人會將這個狀況直接列為剛剛講到的「一面倒」的狀況內，例如外遇、偷吃、出軌、移情別戀（但沒有行動）等，並且理性上認為自己可以瀟灑離開，因為要「愛自己」。但現代社會中，不專一的狀況發生的機率實在是太高太高了，如果只把「不專一」都統一當成結束這段感情的指標，我想在這個時代，要找到一個真正令人滿意的關係簡直是天方夜譚。因為「不專一」的出現可能並不是這段關係一直以來都有的狀況，而是當關係「變差」時才出現的。

當然，不專一這件事若是一開始就存在，那我覺得「不專一」成為結束關係的門檻是很合情合理的，因為這段關係的開始就是建立在欺騙與隱瞞的基礎之上。但現實中的感情真正困難的地方就在於，若是一段關係建立在以互信誠實開始的基礎上，後續也是有可能其中一方或兩方都產生「不專一」的狀況的。那這時候我們又沒辦法就這樣一翻兩瞪眼，發現對方不專一就真的可以直接果斷離開。

這時候問題來了，就是因為我們想要找到一個「不會出錯」的選擇，所以才找不到。這也是我花了好多好多時間才跳出來的邏輯陷阱。真實的狀況是，不會出錯的選擇根本不存在。

每個選擇都有各自的風險、各自的好壞，而且，每個選擇的好壞都是相等的，越好的結果，需要付出的代價就越高。意思是，如果我們要實現理想，那就要付出相對應的代價跟風險；如果我們要選擇「向現實妥協」，好處就是輕鬆、不用繼續努力、不用害怕面對失望跟面對理想破滅的可能性。

當我發現，這段關係的內容已經變成「我不想要的樣子」的時候（對方對我失去熱情、他的行為舉止不再使我覺得被愛，這就是關係的「內容」），但是我也同時很害怕失去對方，我知道對方並不是會提分手的人，我也知道對方不想要失去我。

這時候我腦袋裡就出現了兩難，我是要冒失去對方的風險，離開這段已經無法讓彼此開心的關係？還是我要繼續這樣下去，接受可能會一直是這樣的狀態？

最後雖然是我提的分手，但我卻有種「是我被拋棄」的感覺，因為我其實並沒有想要分開，我覺得我愛對方的程度大於對方愛我的程度，我覺得自己是被逼著分手的。

分手打亂了我們原本對於自我、關係與對方的定義

你真的愛過我嗎？

我甚至開始質疑，對方到底有沒有愛過我？如果真的愛過，為什麼對方現在想要努力的意願這麼低？為什麼這段關係到最後，努力想要改變狀況的人都是我？剛

開始的他到哪裡去了？**到底以前的他才是真正的他，還是後來讓我這麼難過的他才是真正的他？**就連看待對方的方式，也造成了我很大的困擾，我根本不知道我該怎麼看待這個我愛的人。一方面我想要相信曾經一起經歷美好的那個他才是他，但這又跟現狀有衝突，現在的他為什麼是這樣？為什麼一直做出傷害我的事？是我看錯了嗎？

這真的很像原先認知的世界崩解了，因為這個挫折，所有事情我都要重新去認識跟定義，尤其是「對自己的定義」。為什麼他不再像以前那樣愛我了？我們不是說好要牽手走一輩子嗎？是我不夠好嗎？是我不值得嗎？為什麼他會開始去考慮跟其他女人的可能性？其他女人比我好嗎？為什麼以前我不管怎樣都很愛我，現在怎麼突然開始挑起了毛病？

我對自己的認知也開始瓦解，原本我認為自己有的自信好像都是假的一樣，我開始懷疑曾經發生的所有事，讓我好痛苦、好痛苦。什麼事都不想做，也不想吃東西，我只想哭，只想躲進一個殼裡面躲起來。而這全都源自於，我發現他對於我們感情的態度，跟我想像（自以為）的不一樣，我不了解為什麼他跟我想的不一樣。

也因此，在現實跟理想產生衝突、原先的認知崩解時，走出這個階段的第一個任務，就是搞清楚「到底發生什麼事」。

認知跟現實產生的衝突的原因，很明顯的就是因為過去的自己「活在幻象裡」。由於以前沒有用「符合現實的認知」在認識、感受這段關係，才會最後突然發現其實對方做的選擇跟我們預測的不一樣。

我也在崩潰之後的反省之中發現，在這段關係中大部分的時間我都只關注自己的不安全感，長時間忽略他的感受，我所看到的他，都是我的一廂情願。我沒有察覺到他在這段關係中的不快樂，我只願意看到我想看的部分，那個「他很愛我、不會離開我」的部分。

雖然發現之後很懊悔，但說實在的，就算重來一次，我也沒有餘裕去真正關注他的需求跟感受，因為我當時就是沒有能力，我還沒有去解決自己內心那些該被解決的問題與創傷，我只有能力自保，而很常會因為自保不小心傷害到對方。

每個人對愛情的看法都不同，我該聽誰的？

這段歷程中，每次當痛苦跟不安出現時，我就會去尋找另外一種看這件事情的觀點，每次當我找到一個能夠「包含對方」的觀點時，我就稍微比較沒那麼痛苦一點。所謂「包含對方」就是指我也將對方當成跟我一樣的人類，也需要自保，對無法表達跟處理的痛苦也需要某種出口，這個出口也許是會破壞關係、傷害彼此、不健康的。我如何轉換我看這件事的觀點、我如何改變我看自己的方式會影響我如何看待自己的價值，與對方日後在我生命中的地位與角色。

看一件事情可以有千百萬種觀點，我要選擇哪一個？我發現每一個對我的感情發表意見的人，他們都在發表他們如何看這段感情，如何定義每件事的觀點，而每個人的觀點都不一樣。當觀點不一樣時，前男友對我的意義、我面對前男友的感受就會因為觀點而變得不同。也因此我下定決心想要找到一個，讓我最終會覺得自己是有力量、充滿愛跟幸福感、沒有遺憾的觀點。

而要找到可以達成這個目的的觀點非常的困難，因為大部分我在網路上看到的常見論調或是親友提供給我的觀點，都造成我更大的恐懼跟不安以及不自信。那些建議不外乎是暗示「對方不值得」的觀點，例如「對的人不會讓你傷心」、「對的人不會離開」等內容，大多都是要你不要花心思在「沒必要」的人身上。其中最大的核心價值，就是「趕快走出來」、「不要再傷心了」，而不是去面對自己的問題。這也很合理，因為大部分的人在處理失戀、分手議題的時候，想解決的問題其實不外乎就是解除痛苦的感受。

「只要痛苦的感受可以不見就好了。」這是大部分的人的想法，其他必須在這段關係中學到的事，以及自己該反省的部分都很容易被忽略掉。但這其實很符合人性，撇除網路的愛情觀不說，**親友如果要擔任一個合格「支持者」的角色，大多不會去幫忙你檢討自己**，因為這樣可能會被當成壞人，或是被指責「不夠支持」，與其這樣，不如就完全不去觸碰你在這段關係該負責任的部分，把錯或是不好都推到那個對方身上是最簡單的，畢竟沒有人想要當黑臉。這也是為什麼我的職業得以存在，我們提供一個可以用客觀角度來幫助客戶自我反省的管道，這可能是親近的人不願意做的「骯髒活」。

如果只是要解除那個痛苦的感受，最簡易的方法，就是把這個痛苦轉化成「憤怒」。當我們憤怒的時候會感覺自己有力量，痛苦則會因為憤怒而被壓到意識的深層去，變得難以察覺。也因此我們最常見的觀點，就是選擇「對方不值得」、「對方是爛人」、「他不適合我」的觀點去看待對方，然後相對應地，這段關係、這個人就會變成「錯的」。只要是「錯的」，我就不用去觸碰、思考它了。

對的人才不會讓你傷心……嗎？

我們可以回頭來仔細檢視「對的人不會讓你傷心／離開」的觀點，是建立在什麼樣的前提之上。**對的人不會讓你傷心、離開，其實是把「對的人」當成一個非人的神聖角色。意思是，如果他是對的人，不管他在這段關係中受到多少傷害，他都不可以**

採取保護自己、自私的舉動。因為「讓你傷心／離開」這兩個舉動，都是一個人如果在關係中有很多不快樂且不知道怎麼處理的時候會做的事情。

除了這個人是個充滿愛與聖光的角色之外，還有什麼樣的人可以在承受多次傷害、感覺痛苦之後，仍然選擇不把自己封閉起來或離開呢？所以這種「如果他是對的人他就會怎樣怎樣」的觀點，總是有讓我覺得怪怪的感覺，它可以讓我覺得有力量，卻無法讓我有充滿愛、幸福感或不遺憾的感受。

除了這個觀點之外，還有什麼其他觀點？有另外一個觀點是，看看那些「分手重新在一起更快樂，而非重導覆轍」的情侶，通常這樣的情侶的說法大多會是「彼此分開後都有成長，所以重新在一起之後變得更順利了」。但選擇這個觀點，對於一個還在處於分手階段的人好像也不太對，因為如果開始執著「我會跟這些情侶一樣，最後跟那個人在一起」，以後是否會幸福的決定權還是在對方身上，取決於對方最後是否要選擇跟我在一起。雖然這可以幫自己產生一個「目標感」，讓自己暫時不要那麼痛苦，或是產生一個「充滿愛與希望」的暫時感受，但還是會在狀態不好時，感覺到那種不穩定、惴惴不安、命運操控在對方手中的不確定感。

現在我們陷入一個「對的人／不是對的人」的觀點之中，要從這兩個觀點裡面二擇一時，又會陷入兩難的問題裡：你們分開了，他當然不是對的人，但如果把他當成不對的人，好像又否定了過去你們一起度過的，那個相愛且相惜的時光。

當我們否定了對方，就是否定了部分的自己。如果你在這段關係中從來沒有真正快樂過，也沒有被對方認真對待過，那我覺得否定對方並沒有那麼難，只需要了解過去的自己「只是在騙自己」的事實。

但我相信大部分的人並非如此，在一段關係中若有彼此真正互相珍愛的時間，「只是在騙自己」這個觀點對這樣的人來說就是另外一種形式的騙自己，為了趕快走出來，給自己一個不要再留戀、回頭看的理由而騙。

我很清楚這並不是我要選的觀點，因為在這段關係裡我可以感覺到對方真的非常非常地珍惜我（就算分手了我也仍然感受到他的重視），也為我付出了一般男人根本不會做到的程度，因為遇見了他我才得以跨越自己外表最自卑的部分。我因為頭髮很少而從國中自卑到大學畢業，當我因為掉髮而哭泣時，他抱著我說「我們可以一起去買假髮啊」、「還是我剃光頭陪你？」

我覺得他會因為我面臨禿頭的危機而離開我，但他似乎覺得這個想法很荒唐，他告訴我就算我是光頭，他也會持續愛著我。他在我生病的時候悉心照顧我，還為了我度過了好多好多的苦難。我怎麼有辦法就這樣簡單粗暴地去定義他是一個「不值得」的人？正因為有他才有今天的我，對於遇見他這件事我沒有半點後悔，就算再重來一次，知道自己會心碎，我還是要選擇跟他一起度過那段時光。

因此我可以確定，「他不值得」這個觀點絕對不是我想要選擇的。

調適的過程：停止內耗、整理盲點、感受痛苦

先學會停止內耗

我開始用一個全新的角度，回頭去看我們這整段關係。我想知道關係當中到底發生了什麼事，我要如何理解這段關係，才有辦法讓我在面對這樣的結果時，想法變成

「對啊，如果是這樣，會有這樣的結果很正常」呢？

我整整花了近一年半的時間來搞清楚過去發生什麼事與對方的感受是什麼，至於為什麼會花這麼長的時間，是因為在真正能夠理解對方的立場之前，我必須先學會停止「內耗」。

什麼是「內耗」？衝突發生時，我有沒有辦法試圖去理解對方的出發點？還是我會先想到的是我要如何保護自己，才不會繼續被對方傷害？要怎麼樣自己才不會「輸」？怎樣才可以「討回公道」？

內耗的意思是，**當我對自己是沒有安全感時，我就會把能量用在擔心自己會被傷害的狀態中**。有點像是 PTSD 的患者，可能明明沒發生什麼事，卻會在風平浪靜的環境裡恐慌症發作。而當我因為害怕被傷害而恐慌時，就容易因為事情不如我預期，或是感覺到會被傷害的「預兆」時，為了不讓自己受傷，把對方描繪成大惡人。

當我把對方當成惡人，我就不可能有辦法去理解他的立場與選擇。總想著保護自己時，就會進入受害者的角色，並且會特別專注在如何達成自己的目的，對於「無法

讓自己達成目的」的事實，我就會下意識的逃避。

在這一年半中，我有點像是剝洋蔥一樣，當我內耗程度減低時，也會變得更能理解對方的選擇與感受。同時，對目的的執著也會跟著減低，這也是我們常聽到的「學會愛自己的過程」，在越來越能夠愛自己時，我也能夠去真正接納、理解對方，並且盡量去同理對方的感受。

直到現在，我已經能說出：「對啊，如果我是他，我也會跟他做一樣的事吧。」當我們能說出這句話時，就不會對對方殘有憤怒的情緒（是情緒的釋放並非壓抑），這就是同理。

從整理房間看出關係中的盲點

一開始崩潰時，我能做的就只有去聽不同人對於這段關係的看法跟意見，擷取不同的、我沒聽過跟想過的部分。試著用各種不同的角度去理解對方「可能是怎麼想的」。但卻不一定正確，因為這些人也都是用自己的立場跟過去經驗來解讀你們的關係。然而真正跟對方相處的人是你自己，在拿掉目的跟內耗的前提下，其實自己會看得比任何人都更清楚。但若無法拿掉目的性跟內耗，則會有完全相反的效果。

經過了三天幾乎沒有睡覺、沒有吃什麼東西的崩潰狀態，我終於受不了自己一直如此的頹廢（雖然才三天，但我那幾天真的像是個廢人，甚至連講座也請亞瑟幫忙代課），我決定起身做點什麼來改變自己的心境，我決定去整理我的房間。

有時候某些事情真的不能用一般的邏輯去連結，因為整理房間這件看似跟感情無關的事情，卻大大幫助我走出這個茶不思飯不想每天沈浸在悲傷中的狀態。這牽扯到「象徵」在日常生活中的應用，我們要如何將外在的有形的人事物，跟無形內在情感連結？人是尋找意義的動物，我們都會把外在的事物與我們內在的情感連結，特定的詞彙、表情、動作、物品都有機會成為引起我們內心波動的「觸發媒介」。這也是為什麼某些選擇物品、動物、房間擺設的心理測驗會有一定準度的原因。

當我在整理房間時，我必須去面對我所有過去的決定，因為如今我的房間跟居住環境會長這樣，是過去的習慣與一連串的決定所導致的。我們可以從整理環境的過程中，發現自己是如何對待身邊的人事物，這樣的核心精神，當然也會呈現在我們如何對待自己、身邊的他人的習慣與傾向上面。

這是一個無法用理性去解釋的過程，整理房間時，每一個動作、每一個發現所代表的意義，對每個人都是不一樣的，因為有「形式」跟「內容」的差異。

同樣是把東西擺整齊，「擺整齊」是一個概念，但要如何擺整齊、怎麼擺？擺的邏輯是什麼？這樣擺的目的是什麼？擺完之後的美觀程度如何？方便程度如何？每個人在處理「擺整齊」這個概念的時候都是不一樣的。

因此「擺整齊」是一個形式，但具體如何呈現「擺整齊」這個概念則是內容。形式總是用「外在表現」呈現在我們的生命之中，我們也總以為用了同一個詞彙，彼此看見的就是同樣的東西。

這樣可能還是很模糊，我再舉幾個例子：

例如「青椒肉絲」，就是形式。每一個人的家庭可能都會煮青椒肉絲，但是每一個家庭呈現出來的青椒肉絲都是不一樣的。先加油還是先加肉？青椒怎麼切？有沒有加其他調味料？有搭配其他食材嗎？同樣是青椒肉絲，呈現的方式可能有好幾百種，這就是「內容」。

或是，當我們聽到「等一下」的時候，「等一下」這個詞是形式，但是每個人所定義的「等一下」都不一樣。有些人是兩分鐘，有些人是半小時，有些人是「等我做完這件事，不管花多少時間」。

又或是，兩個在IG上面都是分享自己妝容的人，一個人對於化妝的態度是「不化就沒安全感」，另外一個人是「因為喜歡才化」，這兩個人所呈現的世界觀跟人際結果都會大大的不同。

在整理房間的過程之中，我透過整理的動作發現自己在關係中的很多盲點，也發現在這段關係當中自己該承擔的責任，了解自己也做了很多破壞這段關係的事，我並沒有自己想像中關心他、沒有自己想像中能讓他開心，也沒有這麼「受害者」。

我從三天前還對著前男友哭喊「為什麼我都做成這樣了還不夠！」轉變到「原來我並不是做對方希望我做的事，而是我自以為好的事」；從「他為什麼都不願意努力」到「原來他之前付出了這麼多我卻無法發現」。當然這兩句話也是形式，我對這兩句話的「內容」層次的理解，也是經過一年半的時間才慢慢越來越深，並且越來越能理解對方所做的每一個決定的背後感受。

雖然分手的事實沒有改變，但我開始冷靜下來，了解自己需要面對的問題跟現實之後，我有了「自己學到了某些事，有成長」的感覺，而這個「成長」的感覺可以確實地使痛苦的感覺被釋放。

也因為自己的崩潰，我發現其實身邊的人很關心我，發現自己其實不需要總是扮演那個什麼都懂、什麼都沒問題的角色。反而因為失戀，我發現了以前沒發現的，親友對我滿滿的愛。如果沒有這場心碎，我永遠不會意識到自己的問題，也不會有足夠的動力想要改變，並且讓自己可以不依賴任何人也能快樂起來。

覺得痛，是因為問題還沒處理

這是我第一次用身體去體會，所謂**「痛苦是一個警示燈，是讓你發現還有某些自我議題沒處理的提醒」**，就像是身體的痛楚是在提醒你身體機能出了問題，該檢查跟修復了的意思一樣。但當時我雖然做了很多反省，控制跟不安全感的議題仍然存在。雖然對新觀點的路徑還不熟悉，但至少這是我第一次看見可以走這條路。

我後續發現，每一次讓我痛苦的刺激發生，都是在讓我慢慢練習從「想要控制他人、外界環境」到「回到自身內在核心，處理內在議題」兩種思考路徑之間轉換的過程。這有點像是剛搬家，你可能搬到離舊家不遠的地方，但你總是會不知不覺走回舊家，因為還沒熟悉新家的位置。可能第一次是走回舊家前才發現自己走錯，下次發現走錯的時間點會越來越早，直到你可以一邊玩手機、一邊想事情就自動化地走到新家為止。

這就是一個觀點的選擇，你可以把痛苦視為來折磨你的魔鬼，也可以把痛苦視為一個提醒自己還不夠有安全感，讓自己走向幸福的必要試煉。兩種看法都沒有錯，但所產生出來的人生結果卻會非常不一樣。每一個觀點的選擇，都有它相對應的結果。

但我們總是會有過渡期，舊觀點跟新觀點很常會打架，而且舊觀點總是比較強悍。它會讓你產生懷疑，讓你認為新觀點是不是癡人說夢，是不是會被「殘酷的現實」給打醒？打架時總是會引起各種不同的恐懼，引誘你不要往新觀點更靠近。

我自己當然也有經歷這個歷程，雖然走出了悲傷的泥沼，但是我還是不穩定。狀況時好時壞，而且很容易被對方影響，對方如果做出我期望中的事情時我就沒事，但如果對方反應不如我預期時，我就會非常低落，也會很痛苦。

當時我一直處於這個時好時壞的循環裡面，大概第三十幾次循環的時候，我發現了一件事，我發現我很容易因為外在環境或他人說法的不同，而影響我對分手這件事情的看法，只要換一個人我就換一個想法，如果遇到我不想接受的觀點，我就會很不想接受而且很痛苦，但我同時又很害怕對方的觀點會不會才是「真的」。

我不知道到底誰說的才是正確的，我好想要找到一個確定而且正確的答案，而且最好這個答案還是我喜歡的答案。如果可以找到這個確定而且正確的答案，我就不用再害怕了，因為我知道結果會怎麼樣。如果結果是好的，我就可以快樂了，如果結果是不好的，我就不用繼續煩惱，反正不要繼續追求，放棄就好。

我大概花了五個月的時間在找那個「確定的答案」，但我怎麼找都找不到，每換一個人跟我說，我就會相信那個人的說法。那個說法讓我安心我就會心情好，那個說法讓我失望我就會心情不好。每天都像在洗三溫暖一樣，而且我還會上網找說法，看看其他人的「案例」。反正不管誰說的都會比我自己想得更正確就對了。而且當我充滿希望時，我的恐懼總是會不讓我長時間維持那個充滿希望的狀態，總要出來把我拉進深淵。

雖然分手是我提的，但我當時的感受是我才是被甩的那個人。因此我的恐懼內容是「他其實根本沒有愛過我，而且會很快的找到更愛的對象，然後再也不理我了」。這個觀點的背後，其實是建立在「事情完全不在我掌控之中，我也無法影響對方」

的前提之上。因此在整個過程之中，我都會害怕是不是就算我「變得再好」，對方也不會回頭？會不會我們緣分真的就這樣到了盡頭了？我再怎麼樣都不會有轉圜的餘地？

而另一個我所寄託的希望觀點則是「他會在離開我之後發現他其實還是最愛我，沒有女人比得上我，最後他會來求我跟他復合」。這個觀點的背後，則是建立在另外一個極端的前提上——事情在我的掌控之中，我們是命中注定的。我會「想要相信」只要我夠努力，我的改變夠大、變得「夠好」、夠穩定、夠「健康」，對方就會想要回來。

我每天就在這兩個觀點擺盪，關係中的互動有些證據可以支持一個觀點，有些可以支持另外一個，幾乎無法分出一個明顯的勝負，讓我困擾至極。我無法決定到底要相信哪個觀點，因為兩個觀點好像都有自己的道理存在。但不管是選擇哪個觀點，其實仍然都是活在自己的腦袋裡，因為兩個觀點都不符合「現實」。那，怎樣是現實（這我們晚點會討論，讓我繼續描述我的故事）？

在這個過程之中，我不斷努力「變好」，很幸運地對方也感受到了。我暗示對方跟我復合，對方也答應了。我好感動，努力終於有了結果，我終於「夠健康到可以維持一段關係」了嗎！原來我可以相信我想要相信的觀點！太棒了！

剛開始一切都很平穩很好，好像沒有什麼問題，但半年後，我發現我們的問題根本沒有解決。我只是得到了「復合的形式」，但「復合的內容」卻完全不是我想要的。他的心仍然無法回到我身上，仍然找不到當初那種在乎我、愛我的感覺。雖然他也不想失去我，但他同時也很害怕會再度傷害我，因為他想要在一起、喜歡我的感受並不強烈。當時他答應我復合，也只是因為不想要失去我，但他內心其實對於復合是不確定的。

「不想失去」跟「想要在一起」兩個出發點是差很多的：不想失去不代表真的很想要在一起；很想要在一起也不代表一定會被快要失去的狀況威脅。

其實在復合的期間，我自己也過得不快樂，因為時常擔心他會離開我，時常擔心舊事重演，常常擔心自己對他來說「不夠好」（但這個擔心是在復合後才出現，有大約兩年的時間我在他身邊是非常有安全感，也覺得被愛的）。

但我不快樂這個事實，是到我們最後一次分手之後我才發現，**在關係裡面我根本不知道原來自己不快樂，因為太害怕失去他了**。復合之後他也會時不時在我們發生衝突時，說一些「就是因為你這樣所以我才如何如何」這樣挑剔我的話，當時的我非常非常地受傷，並且加深了「我是不是不夠好」的恐懼。

對方覺得你不夠好，是因為你深信自己不夠好

因此復合半年後，我們又分手了。我實在是感受不到他有愛我，在我受不了我們的相處時，他才老實告訴我，他其實對於復合這件事本來就沒有很確定想要的感覺。他一方面不想失去我，一方面又不確定自己對我的感受。我問他到底要什麼，他說他不知道，只是不想要有壓力。

分手的當天，他才告訴我他內心對於這段關係的真正想法。他並不是一個喜歡吐

露心中負面感受的人，因為他也很害怕失去我，他怕說了真話我無法接受。雖然我們決定分開，很有趣的是比起交往以來的任何一天，我覺得分手那天，我們的心前所未有的靠近。分合五年，我好像那天才認識了真正的他。

這次分手之後，我也有種鬆了一口氣的感覺。也許是因為我覺得藉由這次復合，我已經有「彌補」到自己過去對他不夠好的後悔，所以也不再有懊悔跟需要力挽狂瀾的感受。

分手那天，他告訴我復合這段期間他有看到我的改變，他本來覺得人不可能改變的，但看到我的變化，讓他也增強了人可以改變的信心，但他告訴我這件事他必須靠自己去完成。如果我一直在他身邊，他會一直依賴我，無法推動自己去做任何的改變，去找到自己真正想要的東西。

直到這次分手，我才發現原來我跟他在一起的時候壓力也很大，只是因為我太害怕失去他，所以一直沒發現自己壓力很大，也過得不快樂。

分手後我才看到了彼此在這段關係裡真正的問題。我一直以為是因為我「不夠好」，所以在復合前拚命讓自己「變好」，變成一個沒有人能挑剔我的好女人。最後我發現這根本不是重點，**我會讓對方有「不夠好」的感受並不是因為我真的不夠好，是因為我自己已經深信自己不夠好**。

而這個不安全感的信念，因為感情走得不順利被觸發了，所以不管我變得「多好」，我還是覺得自己「不夠好」。**我們的關係，帶出了我其實並不自愛的核心議題，因為不自愛所以才引出了不安全感與控制的問題**。

我以為我想跟他在一起，但其實我跟他的感受是一樣的，我只是比他更害怕失去，所以才沒發現我們其實並不是因為「想在一起」，而是「不得不在一起」。這兩者有很大的差異，**「想在一起」是不在一起不會怎樣，但是就是想要選擇跟對方在一起，是真正的選擇。「不得不在一起」則是因為害怕需要面對孤獨寂寞，而被逼著做出來的選擇，並非自由的狀態**。也因此我們兩個在這段關係裡壓力都很大，但他比我早發現。

我並不會認為這段復合是白費力氣，因為有了這段，我才得以解除那種沒有讓他有被愛的感覺的懊悔感，並且讓他感受到「改變的可能性」。

復合的內容雖然不盡如人意，但也讓我意識到真正重要且關鍵的核心問題。這段關係有一半的問題，都是源自於我不自愛產生不安全感，而這些不安全感產生的內耗，讓我一直陷在問題的框架裡無法跳脫。後來回頭看關係裡的問題，其實好多都可以輕鬆地解決，但當時就是沒有這樣看問題的高度。

這段關係大部分的時候，我都活在自己的腦袋裡。過去的我並不是在和他談戀愛，而是和我自己想像出來的他談戀愛。我並不尊重他的個體性，他對我來說只是一個「可以滿足我需求的角色」而已，所以我會一直想要改變他、希望他一直是那個我期望中的那個人。

也因此在這段關係中，我都在潛意識裡有「很多無法接受的事」的狀態下跟他相處，自然他也就覺得有壓力，並且雙方都不敢呈現最完整、最真實的自己。雖然如此，我們在彼此面前所呈現的，相較之下已經是比在任何其他人面前的樣子真實了。

我想也是因為這樣，才很難說分手就真的分乾淨，我們認為世界上並沒有另外一個人更了解彼此，雖然並不是最真實、最完整的。

這源自於我不接納真實的自己，我有很多「好壞」的框架在，而且我自己沒發現。雖然我常常跟學生說「沒有好壞對錯」的概念，但我無意識之中，還是把「沒有好壞對錯」當成一種必須遵守的圭臬，我仍然在尋找某個正確答案。

在生活中執行時，我並沒有真正實踐「沒有好壞對錯」的精神，反而因為太過於執著「沒有好壞對錯才是對的」，而牴觸了這句話的核心。我在成為愛情顧問的這條路上，不斷地被現實提醒「知道」跟「理解」是完全不一樣的兩件事。我只知道「沒有好壞對錯」的形式，但我對這句話的核心精神的「內容」卻不熟悉。

Chapter

2

關於現實的六個真相

“

有一天，我跟亞瑟在討論「健康的人」是怎麼樣的，我們得出來的結論是：「健康的人會做自己喜歡的事，不論這件事合不合理、聰不聰明、怪不怪，或以別人的觀點來衡量是否是好的。他都會因為這件事會讓自己開心而去做，不需要任何理性的理由。」這個結論讓我突然領悟一件事：原來我會一直去尋找「對的答案」，是因為我根本不相信自己。我對自己的判斷沒有信心，我才會在不同觀點之中擺盪無法做決定。在這個討論之中，我發現了關於「現實」的重要真相。

”

真相一：你創造你的現實

我體驗了和我知道了是不一樣的

「你創造你的現實」看起來很像那種心靈雞湯會告訴你的老生常談，這個概念當然我以前也知道，只是我並沒有真正的去「體悟」。知道跟理解的最大差別，就是當你「知道」的時候你只能講出道理，或是一兩種比喻。但當你理解的時候，你可以直接應用到你的生活上，並且可以講出超過十種以上的比喻方式。因為「體驗」跟「知道」是不同的。

舉例來說，當你知道溺水的時候身體要放鬆，你是用自己在陸地上躺著放鬆時的「放鬆」去理解的，這叫做「知道」。但是當你真的溺水時，你會發現根本沒有辦法用在陸地上的類比去感受這件事，因為踩不到地跟踩得到地的那種感覺是完全不一樣的，你要如何在沒有任何實體來支撐自己重量的情況下放鬆？那是真正「體驗」過的人才有辦法了解的事。

但不管是體驗過跟沒體驗過的人都能跟你說要放鬆。體驗過的人，他可以用一百種方式來跟你解釋這種感覺，但沒體驗過的人卻講不出來，因為體驗是立體的，但「概念」卻是平面的。或例如投籃，你可以說身體要放鬆、手要伸直等等，你「知道」要怎麼打，但對真正體驗過投籃「手感」的人來說又是完全另外一回事。**體驗是來自四面八方的無限訊息，而知道只是一個模糊且單一的了解**。

在跟亞瑟討論完「心理健康的人」是怎樣之後，我突然想到我以前很愛看成功學的東西，每一個成功的人都會告訴你一件事，那就是「相信自己，不要放棄」。然後每一個對現實感到挫折的人都會告訴你「要認清現實，該放棄的時候要放棄」。那到底誰才是對的？一個高個的女生說「男生都喜歡小隻的女生」跟一個矮的女生說「男生都喜歡高䠷的女生」，到底誰是對的？

我發現每個人都是對的啊！事實上男生會喜歡高的也會喜歡矮的，但是每個人潛意識所相信的事，選擇的觀點，都會成為那個人的現實。已經發生的事情，我們可以去確認當事人當時的體驗、感受，面對過去才有所謂去確認是否符合當時狀況的必要性。但是當我們面對還未發生的事時，我們要問的不是「怎樣才是正確的」，因為怎樣都是正確的，所以真正要問的是「我想要創造什麼？」

我們總是在找正確答案

人生的道路上，我們總是會遇到一些複雜難解的問題，該下什麼樣的決定？該怎麼做呢？我們也許會去跟親朋好友、家人，甚至是找專家諮詢，和那些我們信任的人討論遇到的問題跟疑惑，因為覺得迷惘，所以有一股想要去找到「正確答案」的慾望。

為什麼我們會想要尋找正確答案？因為「正確」給了我們一種安全感，就像是已經被人探索過、做過記號的山路一樣，我們說服自己這條路很多人走過，是安全、快速而且不會出錯的。我們在很多不同人給予的不同答案裡面，去衡量到底哪個是最可行的，哪個對我們是最有利的，哪個是「不會出錯的」。但被人走過的山路不見得是最安全可行的，就如同科技和制度都日新月異，我們都不斷地在「改良」跟「發現更好的做法」。

當我們想要找到答案時，其實真正重要的問題只有兩個：

1. **我想要的結果是什麼？**
2. **我願意為這個結果付出多少代價？**

如果有任何人（不管你信不信任他、不管他有多少經驗或成就）告訴你，他的答案是「正確」的，或是他認為他的看法是「對的」，並且否定他自己觀點以外的想法，只要他有透露這樣「對錯」的氛圍，不管他是否有直接地表示對錯，這些認為有「正確答案」的人大多活在自己的妄想裡（沒錯，就連專家也是）。如果他們堅決自己的答案是對的，並且要強加在你身上，希望你可以聽信他的說法，那他們是在將自己的狀況投射在你的問題上面。

這跟他們出發點是否好壞沒有任何的關係，因為也許他的出發點是「好的」，但不會改變他們正在把自己的問題投射到你身上的事實。這個事實當事人幾乎不會有自覺（因為人要接受自己不見得是對的是一件很困難的事，尤其當他正在堅持自己是對的、想說服別人相信自己的時候），他們沒自覺沒關係，但至少你自己要知道他們並不是真正了解你的狀況或真的擁有正確答案。

但這也無可厚非，畢竟你表現出迷惘而且向他們提問了，他們也只能用自己的觀點來告訴你在他們眼中事情是如何。你當然可以參考那些觀點，因為不同人的眼裡你可以學到不同的事情，與看事情的角度。只是你要記得的是，「參考」就好，你人生的答案還是要靠自己去找到，別人的狀況不見得適用在你身上（不論好壞）。

如果你選擇了某一個人的答案來相信，卻不是試圖去相信自己想要的結果可以達成，那麼有可能你潛意識裡想要符合某個重要他人的期望，你正活在某個人套在你身上的框架中，你並沒有選擇活出自己的人生，你選擇採用別人看世界的觀點與好壞對錯。

要相信自己的選擇其實是一件很恐怖的事情，正因為恐怖所以才那麼多人做不到。會無法相信自己的人，通常是因為從小身邊的重要他人都在無意識或有意識的否定你本能的喜好跟真實的選擇，尤其台灣大部分的父母，從小就在跟孩子傳達「你要採用我的好壞對錯的框架，你才會被愛喔！」

例如要功課好、要「聽話」、要「乖巧」才會被愛跟重視。我們必須聽從大人告訴我們的好壞對錯，而不是自己透過生活經歷去感受到底對我們自身來說什麼是我們喜歡的，什麼是我們不喜歡的。基本上很少有人從小就被當成一個「有自我意識的個體」看待跟尊重，我們只能默默吸收爸媽灌輸給我們的觀念，而不能擁有屬於自己的感受跟想法。

因此，如果有「無法相信自己的判斷」（也可以說是想要尋找正確答案）的狀況，其實就等於自己的選擇缺乏重要他人的認同跟支持，你的生活圈內大概也很少有人實踐過你想要的結果，沒有成功的前例（例如維持一段熱情不減的長久關係，你身邊可能沒有任何人的婚姻是像這樣的），所以失去信心其實是一件蠻正常且合理的事情。

加上我們可能不想要承擔失敗跟失望的後果，所以寧願走別人開發過的山路，相信別人的判斷，而不是自己的，我們只能跟著別人的腳步。既然如此，當然無法創造一個異於別人的結果。

這世界上有幾個人，就有幾種看事情的觀點，每種觀點都來自不同背景與信念，但沒有對或錯。每種背景跟信念都會對應到各自得到的結果，你需要的只是看清楚自己想要什麼，然後去尋找這個會讓這個結果實現相對應的信念跟價值，也許你要的東西大部分的人（或身邊的人）都沒有，那就代表你需要付出更多的代價或採取超出你常識範圍的作法去得到它，不然如果代價很低，應該大部分的人都會擁有，不是嗎？

而在迷惘、尋找答案的過程中，我發現一件非常有趣的事情，那就是迷惘這個狀態，並不是因為我有什麼超級難解的問題，就只是因為我沒有選擇相信自己可以創造自己想要的結果。不相信自己的判斷跟價值所以才迷惘。迷惘也許來自於，我們原本想要的東西被我們過去習慣的框架判斷為「不可能」、「困難」或「異想天開」。所以我們要找一個實際一點、安全一點、正確一點的答案，好讓自己之後不會承受來自於世界更多的傷害跟失望。

事實上，大部分的人無法得到的結果，就只是因為他們不願意付出相對應的代價，並不代表你注定不能創造你想要的結果。你需要的只是打破自己原有的限制性信念跟框架而已。

而且事實是，不論是在哪個領域，每個人得到的結果都有所不同，每個人的故事都不同。而不管是有創造自己想要的結果的人，或是沒有創造自己想要的結果、「被現實打擊」的人，都透過他們的經驗告訴你一件事：「你的信念創造自己的現實」。

每個人所得到的現實，都對應到這個人對自己、事務抱持的想法跟意義，而意義不同，得到的結果也不相同，根本沒有所謂的正確答案，只有「對應答案」。就看當事人最終選擇了什麼樣的觀點去看待這件事情。

而這個「觀點的選擇」，有一個要注意的地方，也就是關於現實的第二個真相。

真相二：你沒有真的覺得自己值得被愛

想法會騙你，運作才是真的

看到這邊你可能會問，如果觀點是選擇來的，為什麼我明明覺得自己已經選了某個觀點，相對應的結果卻還是沒有發生呢？例如我一直告訴自己我是值得被愛的，但還是沒得到愛啊？

接下來我們要討論所謂「想法」跟「運作」的差別。這在我的上一本書《戀愛力》

也有提到過的概念，這邊我再用其他方式來解釋，這個要了解自己內心世界的真相必須先釐清的重要概念。

當我發現自己真正該去處理的議題是「自愛」之後，我就有去觀察那些過得很快樂，也跟伴侶處得很好很融洽的人，他們有一個特點就是：想法跟運作幾乎是一致的，不太會自我矛盾或自我衝突。**而想法跟運作不一致的人，都處於一個為了保護自己不受傷而欺騙自己的狀態之中，所以會有很多互相打架的想法或人格，常常處在內外不一致的狀態。內外不一致就會產生大量的內耗，並且阻礙自己活在當下。**

那什麼是想法？以我自己為例，「想法」就是我認為我一直在告訴學生「沒有好壞對錯」，所以我應該理所當然也有在生活中實踐這個信念吧？我雖然一直在告訴別人「沒有好壞對錯」的概念，但我在跟別人相處的時候，還是會讓別人覺得我有一個很強的框架在，會讓別人感覺到我還是一個很ㄍㄧㄥ、很硬的人。

而所謂的運作，簡單來說就是實際上做出來的選擇、行為跟真實的心理狀態。如果我真正實踐了沒有好壞對錯的概念，身體力行，別人應該要感覺到我是一個很自由且快樂的人，而且照理說我所創造的人際結果，會是就算遇到障礙，也有很多輕鬆的解決方式。但實際上我的運作卻不是如此，我那時候常常在關係中覺得很卡、很受困。

我們的「想法」其實通常都不準確，很多時候「想法」跟我們自身真正如何「運作」是有很大的落差的。因為想法（意識）很容易採取騙自己的策略以規避痛苦。例如可能我認為自己值得被愛（想法），但卻在關係中一直忍受不公平的待遇（運作）。但為了逃避現實，我們的想法會給自己這樣的狀況很多種解套方法，但就是不想承認「自己其實並不覺得自己值得被愛」，因為一旦承認就有更多更複雜的功課要去做了。

當你覺得自己有很想減肥、很想要一個月賺一百萬的「想法」，但是實際上做出的選擇是繼續吃垃圾食物、繼續過安穩的社畜生活。那表示你沒有正視自己真正的需求，你其實並沒有那麼想要減肥，也沒有那麼想要一個月賺一百萬，你實際上不想要付出相對應的代價，比起瘦下來，你更想要吃跟當個懶人，你不是想要一個月賺一百萬，你想要的是不勞而獲。

但你沒有接受自己「想要懶惰」這個需求，因為你一旦接受，自己就會被定義成一個廢人，也許你覺得當廢人很不好、不會被愛，所以才需要騙自己；如果我們覺得當廢人沒有不好，就只是一種生活型態的選擇，我們就失去了騙自己的必要性。

也就是說，「好壞對錯」的框架，會讓我們無法正視自己的需求，因為害怕自己不好、不能接受自己不好而創造出需要騙自己的狀態。甚至會相反，我們會無法接受自己其實沒有那麼不好。

如果有人覺得自己長得很醜，他就沒辦法接受別人覺得自己長得不醜，因為接受了自己不醜，就不能把人際關係的壞結果怪在自己的長相上面了。如果自己不不醜，就不能再偷懶跟自暴自棄了。事實是：這世界上會有人覺得你好看也會有人覺得你不好看，你的長相並不是「客觀」的。

檢視想法跟運作是否一致的3個問題

❶「我有沒有創造出我想要的結果？」

如果沒有，表示你正處於內外不一致的狀態，你某部分正在騙自己，不願意接受事實。你透過想法在騙自己，而不去看自己的運作模式。一個內外一致的人，永遠都會安於自己創造出來的結果，就算結果是失敗的，他也能誠實面對自己，了解失敗的結果被創造的原因。

❷「為什麼我想要創造這個結果？」

如果答案裡出現「我想要這個，因為○○比較好／比較不好」、「我想要這個，因為大家都喜歡這個、社會認可這個」或「我想要這個，因為這樣才是對的」，表示你並不是真正想要這個結果，是想法跟恐懼聯合起來騙你。

❸「我創造了我想要的結果，但我過得滿足嗎？」

如果答案是否定的，表示你並不是真的想要這個結果，是想法跟成長過程中家人給你的好壞對錯框架在騙你。

如果要認清自己到底「在幹嘛」，如果要真正認識自己，我們要觀察的並不是自己的想法，而是觀察我們實際上真正去做的選擇。我們必須盡量察覺並去除騙自己的狀況，讓自己的「意識想法」跟「潛意識運作」一致，才能真正去面對自己目前的課題跟需求。誠實面對自己，永遠是第一要務。

當我們目前所做的選擇跟我們想要創造的東西是不一致的，例如我明明想要被愛，但是卻會在感情裡不斷質疑對方、用各種方法破壞這段感情，那就要仔細地、不用批判態度去看看，當我在做出破壞感情的選擇時，是在滿足自己什麼樣的需求？

我跟亞瑟討論完「健康的人」的狀態後，赫然發現其實健不健康根本不重要。如果我一心想要「變健康」，覺得健康的狀態「比較好」，那我就又會容易落入騙自己的框架（因為又有好壞對錯了，只要任何批判的存在都容易使我們不小心騙自己）。因為不健康不好，所以我不要讓自己不健康，就會容易無法去直視或承認自己的問題。或只是為了達成健康的人的形式，忽略了健康的人的內容。

我根本不需要去確認或定義自己怎樣比較健康怎樣是不健康的，我只要去看當下在這樣運作的自己，到底是在滿足什麼樣的需求。而這個需求，我可以透過做什麼其他事情來滿足，以後才不會用破壞關係的形式來發洩？

我們的行為舉止會失控，都是因為我們長時間忽略了自己真正的感受，這些被自己長期壓抑起來的不滿、憤怒、不平衡都會在一瞬間爆炸，讓自己失去自控能力。不去用好壞對錯批判自己的任何行為跟需求，我們才能勇敢與誠實地面對自己的真實，只要批判存在，我們就沒有真正對自己誠實的機會，我們就會有所抗拒，抗拒和對自己誠實是無法並存的。

如果能夠弄清楚運作跟想法的差異，就能發現每一個人的現實都在被「運作上」的觀點創造。也因此，就算是你認為最聰明的人也無法給你「屬於你」的正確答案，因為你所得到的結果，只是你內心與外界的「對應」。你的潛意識（運作）與你意識（想法）越一致，你就越有可能創造你想要的結果。當然要付出的代價就是需要更多的修煉與自我覺察，經歷一層一層的破除我執跟承認自身的盲點，經歷過面對真實的恐懼、抗拒與痛苦，才有可能一步一步接近。

真相三：夠不夠好，一點都不重要

認識真實的自己，沒有「夠不夠好」的概念存在

在復合前的我的確把自己的缺點都改了，真的「變得更好」了，我以為這樣做一切都會好轉，可是他仍然無法對我燃起過去曾有的熱情，因為問題真正的核心並不在於我的優缺點或我夠好或不夠好，就算我把缺點改掉了，我還是沒辦法安心，沒辦法對自己產生信心。我仍然覺得自己是不是「不夠」，而這樣不安、自我懷疑的能量狀

態在跟對方相處的時候，一定會傳達讓對方感受到，因為我時時刻刻都想用討好來交換他的愛。

我想起我們剛開始在一起的時候，我當時的表現是有自信的（至少形式上是），不會去尋求對方的肯定。雖然當時我並未擁有真正深層的自信與安全感，但至少我尚未把自我價值建立在他是否跟我在一起、是否表現愛我上面，因此他並沒有什麼壓力。

我還想起了我外婆，她是一個脾氣不好又勢利眼的女人，至少從我對於「好女人」的標準來看，外婆幾乎沒有符合這樣的標準，但外公卻非常非常愛她，直到外公過世以前，他還寫了情書給外婆。如果我一直堅持女人要「充滿女人該有的優點」，那我就無法理解為什麼外公為什麼會如此的愛她（我外公也是一個外在條件很棒的男人，在那個年代算是超級帥哥吧，又是警察公務員，脾氣又超級好）。

這件事刺激了我去思考，為什麼我這麼努力這麼真實地「變好」之後，我前男友還是無法產生熱情，還是壓力很大。

分手後我才發現，我們彼此要處理的課題，如果在「在一起」的形式底下是很難去深層地處理的。因為我們兩個的課題都是害怕面對孤獨，並且缺乏主動與他人連結的能力，我們兩個的心都是封閉的，就算在一起也沒有對彼此真正地敞開。我們的課題與恐懼，都必須要獨自面對才有意義。

過去的我一直很羨慕那些可以「一起度過難關」的情侶，覺得他們為什麼彼此可以堅持下去，為什麼可以不用分手？我也覺得跟前男友分手這件事是一件很失敗的事情，好像不太對得起我做這個職業的正當性。

最後一次分手後，我才發現我真正的功課並不是「變好」，而是學會認識真實的自己，活出屬於自己的人生，找到屬於自己的自由，並且讓自己的封閉的心敞開。並不是我不夠好，而是我相信我自己不夠好的信念讓關係產生了壓力，並且產生了各種衍伸問題。

我無法接納我認為自己不好的地方，當然也就認為別人不會接納那個害怕被別人發現的真實的我，也因此產生了保護自己的需求。當我需要保護自己，跟別人相處的時候就會想要維持一個我認為比較安全的樣子，壓抑害怕別人評斷的部分，然後就會產生大量的內耗。

一直以來我在人際關係上一直有個「對別人缺乏好奇心」的問題存在（除非那個人有什麼特別突出的地方），我後來發現是因為我對「普通」、「沒有特殊成就」這部分的自己沒有興趣，所以我才會無法對「不厲害的他人」產生興趣。

喜歡自己，即便很普通

直到我對「普通的自己」產生興趣之後，我開始對跟不同的人相處都會產生興奮跟期待感，也不會像以前那樣逃避跟別人交流。一點一滴，我開始變得越來越自由，一層一層發現並且打破好壞對錯的框架。我開始變得能夠信任自己的真實感受，也能夠信任他人，感到丟臉的事情變少了，給自己的限制變少了，我發現其實我可以隨心所欲地過生活時，每天都過得很自在。

「愛自己」這個概念，是幾乎每個人都「知道」的概念跟形式，但卻很少人真正了解「愛自己」的內容是什麼樣子。我們以為讓自己買想要的東西、吃想要的東西、讓自己去上很多課程，讓自己「變好」就叫做愛自己，但夜深人靜時還是對自己跟生活感到不滿足，感到空虛。**而正是「變得更好」這個邏輯陷阱，讓我們永遠無法達到「愛自己」的狀態**，因為只有「好」的自己才能被愛，「不好」的自己則要排除。

所以當被拒絕或是別人離去時，我們就會自然地歸咎是我們「不夠好」才會發生這種事。事實上正好相反，我們的潛意識「已經認為自己不夠好」，是因為自己用「一定要夠好才行」這個框架來套住自己，才創造了自己不想要的結果。

愛自己的概念其實並不複雜，就是完全拿掉所有「好、壞、對、錯」的框架。不是要變得健康、不是要變得更好，而是完完整整地「誠實看見」自己真實的面貌。在這個過程之中，我發現那些我需要去處理的課題，並不會因為我完成了它，它就消失了。而是在我處理完它之後，它的存在不會構成問題，因此我就不需要追求「完美」、「夠好」。

舉例來說，我以前是一個很有距離感的人，現在我並不是變成一個隨時隨地都很親切的人，而是變成一個「當我想要親切的時候可以親切」的人，但我的基線習慣仍然偏冷（只是不會散發出「不要靠近我」的氣場）。我是個霸氣的人，並沒有因為處理課題而「變得軟萌」或變成了不同的人，而是只要我想，我能隨意從霸氣轉換成可愛。或是我以前會很傲嬌，我現在還是有傲嬌的特質，只是當我想要的時候，我可以隨時軟化自己的態度。

所有的特質本來就有好處跟壞處，就算是我們想要的特質也是如此，但因為我們「活在幻象裡」，所以會以為困擾我們的特質只有缺點，而我們想要獲得的特質只有優點。這樣的認知就是對真相有誤解，真相是每件事都是平等的，有好有壞，並且好壞的程度絕對是對等、平衡的。

真正產生問題的東西並不是特質本身，而是**我們是否擁有可以隨時脫離那個狀態、來去自如的「自由」**。以前我覺得有距離感不好，但有距離感可以排除我被怪人纏上的時間跟心力，而只要我能隨意地開關「距離感」，有距離感就一點都不會構成問題。這就會延伸到關於現實的真相四。

真相四：沒有什麼選擇比較好或比較壞

你準備好為好事付出代價了嗎？

一件事情有多好，它就有相對應的代價要付出；一件事情有多壞，它也有相對應的禮物藏在背後。當我們很想要脫離某個狀態，以為去另外一個地方就會「沒有問題」，就會發現就算我們脫離了原本的狀態，還是充滿問題。例如我們以為有錢就沒有問題了，結果有錢之後反而更多煩惱，反而是小時候一無所有的時候最快樂。

因為我們並沒有真正認識現實的樣子，每一件事情、每一個狀況，它的好壞都是平等的。如果我們不認為萬物是平等的，那是因為我們為了逃避現實所創造的幻相蒙蔽了自己。「認為萬物不平等」有很多好處，只要維持這樣的觀點，完美世界跟某種完美狀態就得以存在，「烏托邦」就可以存在。

「烏托邦」是一個心靈的寄託，只要「達成理想狀態」就可以了！我們找一個逃避的完美藉口，所有的問題都可以被解釋成「因為我還沒到達那個理想狀態」來推託。並且一直讓自己處於「追求理想」的狀態之中，讓自己有個「目標感」好讓自己可以一直追著它跑，有事做就不用停下來正視自己的真實，像馬前面吊著的蘿蔔一樣。

一個月賺一百萬有它的代價，變得有名也有相對應帶來的困擾。越大的痛苦能帶來越大的轉化與成長，所有的東西都是如此，沒有任何一個東西「比較好」或「比較不好」。這些好與不好的框架，全部都是我們自己的幻想，因為每個人對好與不好的定義與內容都不一樣（甚至每個人對於每個詞彙的理解定義都不一樣），你說到底誰的定義才是對的呢？

正因為每個狀態都是平等的，所以我們不用趕著改變、趕著去哪，我只需要問自己，我現在想要體驗什麼、創造什麼？就如同我現在想要吃蘋果還是吃橘子一樣單純。有些學生遇到類似渣男的男人，會來問我怎麼辦，我通常就會告訴他們，沒有經歷過被玩的體驗與懊悔，是太不可能修煉到能夠影響那種男人的定力的，所以要撩落去還是就此離開都可以，因為兩個選項都各有好壞。

撩落去會受傷但會學到，離開可以免除受傷的體驗但什麼都不會學到，看你要選哪個，對你來說哪個體驗比較有感應，如此而已。選擇離開的人沒有比較聰明，選擇撩落去的人也沒有比較白痴，因為選擇這兩個不同選擇的人，走上的人生體驗跟道路都是不一樣的，就只需要看自己到底想要體驗什麼、創造什麼，並承擔選擇的風險。

也因此我們在檢驗自己想法跟運作有沒有一致時，其中一個項目是檢驗自己想要某個東西的理由中，有沒有「因為〇〇比較好／不好」的成分。因為那代表我們仍活在事情能夠用單一標準來衡量出優劣的幻想之中，覺得「一定有一個比較好的，我一定要找出那個最好的」，但這世界上根本不存在「最好的」這種東西。**當我們想要找「最好的」，代表我們不願意接納事情會有代價跟反作用力**，那不會有任何一個選擇是我們滿意的。

選了蘋果，它就不像橘子那麼多汁；選了橘子，它就不像蘋果那麼鮮脆。選擇攻擊力強的電動角色，速度可能就不會那麼快；選擇速度快的角色，攻擊力就不會那麼強，真相就是如此。

不選最好的，選自己喜歡的

但換個角度，當我們選「喜歡的」，而不是「最好的」的時候，狀況就會不一樣了。當我們「喜歡」一件事，代表我們可以接納這件事包含好的層面與不好的層面，我接受選這件事會有的風險與壞處，連同這些也一起喜歡，你就能夠滿足於任何一個你根據自由意志做出的選擇。只要我們「認清現實」，現實就會變得充滿可能性與慈悲，根本沒有「殘酷」可言。認為現實很殘酷的人，仍然是活在「萬物不平等」的幻象之中。

雖然「變得更好」也許可以幫助初學者往前進，但是到了一定程度之後我們會發現卡住了，發現自己再怎麼「變好」好像都無法真正地增加自己的自我價值感，因為當我變得更好，我就會發現還有更好，那我永遠都沒有變得夠好的一天。

改變本身也是一個永恆不變的定理，我們無法去避免改變的發生，但「必須變得更好」卻是我們自己創造出來綁住自己的框架。這也是我之前沒有好好釐清過的框架，因為想到「改變」這個詞，自然而然就會覺得「我要改變＝變得更好」，很合理呀，沒毛病呀，自然不會去質疑它。

但有一天我發現「更好」這個詞彙，說不上來哪裡怪怪的，以經驗來說，這個概念好像讓我無法去愛他人，更重要的是無法愛自己。因為只要有「更好」的概念，就會發現所有的東西都有缺點，既然有缺點，那我就會質疑這個東西值不值得我去付出。因為「更好」，我就無法接受自己「不好」的那個部分，**只要我無法放棄「好」的一天，「不好」就會永遠成為陰影，也因此無法獲得自由。**

過去所有我想避免的「不好」，其實都是成長的最重要的部分，如果要成長，「不好」的體驗絕不能被拔除，如果沒有痛苦的存在，我們就會缺乏動力，成長便不成立。而且我發現當我找到到真正的自由時，我並沒有感覺自己變得「更好」，因為「更好」就有優越感，有優越感我就有更多的障礙。

我感覺到的，是我找到原本就具足一切的自我，我擁有成為一切的自由，包含了我過去定義的好的部分與壞的部分。這有點像是我們原本的自我是個球體，是我們的意識去把這個球體劃分成好跟不好的區塊，球本身就是完美的，但因為我們劃分了「不好」（通常是這個球體比較暗的部分），把它從我們自己身上排除掉，所以覺得自己不完整，覺得自己有缺乏。

但當我發現一切的限制都來自原本不屬於自己的「好壞對錯」框架時，我突然發現我好像能成為任何樣子，因為不再需要對得起誰，我只需要對得起自己。因為不再對自己的任何面向下批判，我不對自己感到丟臉，或是有任何向他人證明自己的需求。

而當我們想要變得「更好」，就必定要排除球體陰影的部分，然後找更多光明的部分，讓這個球體變得四不像，或就是永遠找不到。好與不好是我們自行用意識去分割的，像是地球上的經緯度，其實根本不存在，是我們「幻想」出來的。

例如我覺得強勢、百依百順都「不好」，只要不符合「認為自己有價值的直接形式」都不好。例如被對方傷害了，就應該不屑對方，因為我很有價值！我值得更好的！但也不能太強勢，也不能太柔順，這樣都不符合「有價值」的形式。但事實上真正的價值並沒有一個固定的形式或型態，而是取決於你在呈現形式的時候是用什麼樣的「內容」支撐的。例如我們不能說有打扮就等於自己有價值，也不能說沒打扮就等於自己沒價值。有沒有打扮是「形式」，重點是「選擇打扮／不打扮」的原因是什麼。

真相五：殘酷的不是現實，是幻想

享受你的負面情緒

面對分手這個打擊，代表你要重新決定許多看待事情的觀點。重新整理，讓自己的認知更接近現實真相，破除幻象。

挫折會發生，就是為了帶領你發現自己過去是活在幻象裡（而且是自己創造的）。活在幻象裡也是一種觀點的選擇，你也可以選擇當個受害者，覺得是別人、世界對不起你，那當然也沒有錯，但就需要看看當個受害者所創造出來的結果，是不是你自己想要的。

面對現實真相，並不代表我們需要選擇「妥協」，認識現實真相後會發現，現實並不殘酷，現實是充滿可能性且慈悲的。真正殘酷的不是現實，而是我們自己的幻想。

而過程中每次挫折，讓我產生焦慮與不安時，都是在提醒我，我尚未完成療癒自己的功課。透過這個提醒，我能有意識地去訓練自己，讓自己能夠更反射性地去選擇更接近現實真相（對自己誠實）的觀點。因為我想選擇的觀點是：「挫折的發生，是為了告訴我還是活在幻象裡。」我了解選擇這樣的觀點，有助於創造我想要的人生，所以到現在這個階段，每當發現障礙，我就會特別興奮，因為這代表我又找到了修煉自己更加內外一致的機會。

舉例來說，我是一個有控制議題的人，我喜歡周遭的人事物在我的掌控之中，所以當我遇到事情不如我預期時，我就會很挫折。我過去習慣的作法是，為了讓負面情緒消失，我就會採取控制外界人事物的方式來解決問題。但「認為控制外界可以解決問題」就是我過去為自己創造的幻象，事實上每次當我想控制外界的時候，反而會更加失控，離我想要的更遠，尤其是親密關係。

每當我感覺到「挫折」，我就會開始練習從「控制外界」的反應，轉換到「誠實內觀自己」的路線，當我內觀自己時，我都會更加了解自己並且釋放「想控制外界」的慾望與衝動。直到現在，就算事情不如我的預期，我也很少感到挫折，因為我開始能打從心底接受「現實真相」，去看見每件事、每個狀況好玩的地方，然後放下以往無用的模式。

這邊想要提醒大家的是，負面情緒不見得會讓自己產生焦慮不安，像小孩子、動物等習慣活在當下的存在，能夠感受純粹的悲傷、憤怒等負面情緒，但不見得會帶來焦慮或不安感，我們產生焦慮不安的原因並非情緒本身，而是當我們不接納情緒，對負面情緒或自我有批判時才會產生的狀態。

對情緒本身有批判，我們就會壓抑或是不讓情緒好好釋放，反而會讓情緒無法好好地離去。當我們誠實面對自己，內外一致時，才能體會純粹的、不會帶來焦慮的情緒，甚至「享受」負面情緒。

迷惘時為了尋求安全感，我們總會想要獲得一個讓心可以安穩下來的答案。當心無法安穩時，通常都是因為我們不知道哪個答案才是對的，非要選到對自己有利的或能達成自己目的的，才會安心下來。但正因為沒有標準答案，所以想選一個「絕對好」的答案，反而才是一個無法讓迷惘消失的行為。

就像當我們有個遠大的理想或目標時，可能會想要參考自己欣賞的「過來人」的意見跟經驗，當自己的經驗不符合那個「過來人」所說的原則時，內心就會感到徬徨不安，覺得自己會失敗。

我最近看了大量的日本綜藝節目，裡面訪問了很多不同當紅的演員，在訪問到每個人的心路歷程時，有些人覺得對於這個行業一定要有所覺悟跟堅持，有些人卻是在對這個行業沒有什麼特殊執著，甚至沒有太大興趣的狀況下持續做下去的。

前者的思維一定是希望要踏入這個行業的人要有怎麼樣的心態，如果沒有的話肯定會失敗等等的人生哲學。但後者卻不需要擁有這樣的人生哲學，可能也走到了差不多的地位。如果拿踏入演藝圈並且得到很好的發展機會的這種目標來說的話，我並不覺得有任何一條「必須經過的道路」，這些參與演出的藝人，他們選擇的人生道路都是不一樣的。

因此並沒有所謂「比較好」的選擇，或是「比較好」的價值觀。看待每一件事情都會有不同的觀點取向，而這個觀點取向的細節內容是影響我們得到的結果的關鍵。每一個去追求夢想失敗的人都會要你適時地放棄，每一個去追求夢想成功的人都會說是因為自己堅持下來了，那到底誰才是對的？從結果上來看不就馬上知道誰是對的了嗎？大家都是對的啊。因為做出了某種觀點的選擇，所以得到了相應的結果。

當然這些觀點的內容會有許多細節上的差異，例如覺得該適時放棄的人可能會為自己設立一個該停損的時間點，在這個時間點之內真的卯足全力全力以赴；也有人覺得該適時放棄也為自己設立停損時間點，在這個時間之內已經相信自己不行了所以沒有相對應用全力應對。因為這些內容上的細節不同，也會產生相對應不同的結果。我並不認為「適時放棄」就等於失敗，**有時候適時放棄的選擇，是讓你走向更適合你的道路的智慧**。

所以，根本沒有所謂「錯的選擇」。

你的選擇創造你的結果

大部分的人所認為的「相信」並不是指「現在已經相信」，而是「想要說服自己相信」。

因為我們真正相信的事，不需要「說服自己」。所謂的真正相信的事，就像是「我相信我是人類」、「我相信我會走路」、「我相信我吃下去的東西會變成糞便」、「我相信我家有電力」、「我相信我回家的時候沒有遭小偷」、「我相信我明天不會死」……這些東西才是真正相信的事。不曉得大家有沒有發現，當我們真正相信這是一件「理所當然的事」時，不需要說服自己，也不會沒事浮現在腦海中。我不會沒事懷疑自己會不會走路，除非出了事故。我不會沒事想到家裡會沒電，除非有什麼跡象。

我們真正相信的事，會變成我們生活中理所當然的「前提」。所以如果有人每天都在重複強調「我相信我會成功！」、「我相信我很厲害！」、「我相信我有價值！」那其實只代表了他還在說服自己的階段，他還沒有真正相信自己是他講的那樣。

但當我們討論到想要創造「非常態性」的結果時，要怎麼去理解「真正相信」？例如年收千萬、中樂透、從絕症中痊癒這些看似機率很低、好像是奇蹟一般的事情，該怎麼真正相信？那我們就要去觀察那些實際上已經創造這些奇蹟的人，他們在「還沒實現」奇蹟的時候，是怎麼面對這些「好像不可能」的現象？

通常你會發現，這些人都沒有對於「是否能實現奇蹟」想太多或太執著。也就是近年很流行的「吸引力法則」裡面所講到的，你要先進入「已經擁有」的情緒與頻率中，你才會吸引來「擁有」的結果。如果內在所感覺到的仍然是「缺乏」，那就只會吸引來「缺乏」的結果。

所以把這件事「已經發生當作前提」時你會有的情緒狀態、心情、放鬆程度等等，這些無意識的東西也都需要跟進，才叫做真正相信，各位可以模擬一下相信自己會走路的心情（笑）。

我們的潛意識會相信什麼，和周遭的環境、五感所能接觸到的「常態」息息相關，我們被目前人類普遍「常識」的框架侷限住，因此做不到某些事。例如尚未發現奈米科技時，奈米的產品會被認為是「不可能發生」的結果。而當理解世界的方式拓展了，並且有人在潛意識的層次中不論是有沒有依據地「真正相信」這件事的可能性，那這個本來不可能發生的結果，就會因為這個「有人選擇相信並且去嘗試執行」的因緣誕生。

認為人不會改變的人，跟認為人可以改變的人，兩者都會用盡全力去實現他們所選擇的觀點，因此兩個人所選擇的觀點都會是對的。很多所謂不可能發生的事情之所以發生，好像都會有這種交叉路口的故事：大家都不看好、看衰，但最後去做了結果跌破大家眼鏡。

因此今年我得到最大的收穫是，發現真正決定自己人生的是兩件事：

❶自己選擇要用什麼觀點看待世界跟自己的自由意志。

❷發現阻礙自己前往實現此觀點的現實障礙是什麼。

舉例來說我想要賺一千萬，首先要選擇「相信／不相信我可以做到」。選擇「相信」之後我們會遇到各式各樣的阻礙對吧？總不可能一步登天。因此當遇到阻礙時，我們就需要選擇「看待阻礙的觀點」：看是要選擇「阻礙是要我放棄的徵兆」，還是選擇「阻礙是讓我發現，我內心還有什麼阻礙與結果共振、相應的信念」（也就是發現自己「還有哪邊沒真的相信」），並且逐漸調整信念細節上的內容。如果我們每次遇到障礙都不斷選擇後者，就能夠讓自己更加接近一開始選擇的「相信自己可以做到」，直到「真的做到」。

而在真的做到之前，我們必須一直不斷選擇看待阻礙的方式，如果原本我們認知這件事情的困難程度越高，代表我們離「真正相信」越遠；離「真正相信」越遠，當然路上遇到的阻礙會越多。而這些阻礙也許會消弭繼續前進、繼續選擇相信的動力，在能量耗盡時，可能會因此在某個階段突然選擇「阻礙是要我放棄的徵兆」，而就此選擇放棄。

當然放棄的當下也有可能產生得以讓自己感謝自己放棄的驚喜結果，誰知道呢。這在某種層面上就是很多基督徒喜歡說的「神為每個人有最好的安排」。

當然，上述的這些邏輯，也只是某一種觀點上的選擇而已。端看合不合各位讀者的胃口，合也是對的，不合也是對的。我們的人生就只是不斷在實現自己潛意識選擇的觀點罷了。

真相六：失戀是鏡子，照出你不想面對的自己

越是想要控制就越失控

在我最崩潰、最不穩定的那個期間，每當發現理想與現實有衝突的時候，我第一時間總是會想要做點什麼來控制狀況，例如我會講某些話來刺激對方或說服對方，基

本上就是想要操弄對方來達成我自己想要的結果。但我發現我越想要控制狀況跟對方，狀況越是離我想要的狀態越來越遠。

但要轉換成選擇去關注內在狀況的路徑，是需要經過很多次練習的，當我第一次領悟到控制外界狀況沒有任何用處之後，遇到挫折時我還是會想要去控制外界，雖然明明知道沒用，但還是會情不自禁的有衝動。這是我在成長的過程中被訓練出來的習慣，是一個面對問題（能有某些好處）的「安全模式」，而不是「有效模式」。但我事後冷靜下來才會發現自己又重蹈覆徹，在一次又一次的重蹈覆徹之後，察覺自己正在執行習慣模式的時間點會越變越早，然後有一天就可以在重蹈覆徹之前就踩煞車。

我認為如果明明發現了自己正在重複過去模式，但還是有繼續重複的衝動的話，其實不需要讓自己壓抑著，就讓自己重複去做也沒關係。因為如果意識到了，卻還是想要選擇相同模式，那代表兩件事：

❶目前的狀態就是需要用這樣的方式來發洩，這是目前的需求。

❷還不夠痛。

因為如果夠痛了，才會真正的「不想要」重複過去的模式（不是「不能」或「不重複比較好」，而是「再也不想」）。我們必須認知到壓抑對狀況是毫無幫助的，因為壓抑只是「不去做」的形式達成了，但內容沒達成。最後總是會爆的，只是晚爆早爆的問題（當然我個人是傾向喜歡早爆多於晚爆）。

最後一次分手之後，我才正式進入了真正體會「凡事都要回到自身」的道理。從我發現對別人提不起興趣的源頭，是因為「我對平凡的自己沒興趣」這個癥結點之後，我選擇試著用「『所有事』都是自己的一面鏡子」這個觀點來看事情，看看能不能使自己在面對障礙跟挫折的時候更順利地解開關卡。當我試著用這個觀點來看待所有事時，我發現我走出低潮的速度變快了，成長速度也變快了，快到我自己都驚訝的程度，因此我知道這個觀點是可行的。

從我試圖採取這個觀點之後，每當挫折發生，我才得以進入不試圖控制狀況跟對方的狀態。因為從這個觀點當中我發現，不管現狀、客觀事實如何，只要我對自己的感受是滿意的，就不會有不安、焦慮或有想要控制對方跟狀況的需求。

因此我都會回過頭來問自己，我現在是怎麼看這件事、看自己的？而我現在看待這件事的觀點，如何導致我產生對自我的不安全感？我要如何改變自己看這件事的觀點，才可以影響到我的自我定義，找到這個「沒有安全感」的bug，修正之後回到原本平靜的軌道上？

我發現外在的挫折，都是在提醒我「我跟自己的關係」仍然有需要療癒跟修復的部分。不管是工作、愛情、人際關係與健康，都是自我課題的「外在顯化物」，我遇到的問題會告訴我有關於自我的事實，並且逼我去面對自己的內心。

對自我的定義，決定對事物的感受

失戀大概是我這一生中最痛苦，也給我最多養分的一段體驗。如果沒有失戀的刺激，我的自我成長和領悟根本不可能在如此短時間內進步如此的多。如果我們能學會把發生在自己身上的問題視為「自我課題的體現」，就能夠隨時自省、修正，並且用更快的速度達成內在的自由，也就是找到穩定的自我價值。

在我還沒意識到這個事實之前，我覺得問題是問題、事情是事情、對方是對方，應該跟我自己的心理狀態沒有關係。後來卻發現這樣的觀點選擇，大大地阻礙我得到內心的自由，因為跟我們無關的事情，不會刺激到我們的內心，所以刺激到內心的事，都藏著某種我們應該知道有關於「自我」的訊息。但這些訊息有可能很難以接受，所以我們會選擇逃避，或是選擇把外在現象與內在狀態連結這件事視為「怪力亂神」。

我最終得出的結論是，在我們身邊發生的所有有辦法刺激到我們的人事物，不論正面還是負面的影響，都是一面鏡子，外界的發生只是我們自我的投射，也就是鏡像自我的訊息。

鏡像自我的訊息，簡單來說就是：

❶ **當遇到我們討厭不能接受的事物，那代表我們自己身上也有，只是不願意去面對。**

2 當遇到我們喜歡嚮往的事物，那代表自己身上也有，只是我們不想發現。

這個觀點是接近真相的觀點，因為如果引起我們內心情緒的，是客觀的事實，而不是我們自己內心世界，那每個人遇到同一件事情的反應跟想法理應要一模一樣。但是事實是每個人遇到同一個刺激、看到同一個景色、聽到同一句話、看同一本書，所接收到的訊息跟理解都有所不同。那只證明了一件事：我們的情緒並非客觀的事實，事實本身不帶有任何意義。而是我們每個人根據自己的生活經驗，採取了某種看事情的觀點，我們採取的觀點才是引起我們情緒真正的原因。

我們都誤以為會討厭一個人是因為「那個人真的很討厭」，但事實上並不是每個人都會討厭你討厭的人與特質，你討厭的其實是自己，不是別人。而我的旅程也應證了這件事，不論我看誰不順眼，我就會思索自己身上是不是也有同樣的特質，並且被我批判著。然後當我試圖去接受、承認這樣的自己存在時，我對外界的憤怒與不滿也會同時減低。以前看不慣的事，現在漸漸地不再抱有讓自己不舒服的反應。

例如我發現每一批來上課的學生，都會有一些共同障礙點，而他們所體現的共同問題也同時體現了我那一段時間面臨的障礙點。我也發現與我親近的人會怎麼對我，會呼應到我怎麼看待自己，一旦我看待自己的方式改變，他們對我的方式也會改變。我發現我看到身邊的人不順眼的地方，就是我無法接納自己的地方。我看到特別嚮往跟喜歡的特質，也是我本身就擁有，但是我無法接納的部分。甚至連我跟我的狗的關係，也會因為我內在狀態的不同，而呈現不同的樣貌跟化學反應。

我發現了一個能夠解決一切問題的觀點，就是將一切會讓自己內心世界波動的外在事件，都視為一種「鏡像自我」的訊息，藉由外在發生的事件，來檢視自己的內在。

我們的日常生活都圍繞在「外在」世界上，鮮少有機會去檢視內在，一旦把外在會激起我們情感波動的事物視為內在某種訊息，一切都將會有解答。當我對於控制的議題放手之後，不論現實有沒有改變，我都不再感到困擾。因此重點在於讓自己的內心自由，而非去控制外在的人事物。

過去的我非常害怕自己的現實最終會變得「無法掌控」，因為我從小太過於習慣事情在預期、掌控之中，鮮少遇到痛苦跟挫折。所以當超過一定量的事不如預期時，我就會感到非常恐慌，深怕自己建構的世界會崩壞，我怕我過去所認知到的一切都是假的，怕外在世界讓我一無所有。

所以我非常害怕面臨未知跟挑戰，總是抱持著「挑戰來了就是來了，反正不能改變只好面對」這種既消極又積極的心態。但挑戰被解決之後，我又會開始擔心自己之後又要遭遇什麼重大挫折，會希望自己「趕快畢業」，不要再經歷這些有的沒的。「控制」是我很大的一個自我的課題。

而找到了「將一切能刺激我們情感波動的外在事物當成鏡像自我的訊息」這個觀點之後，它給我了非常巨大的安心感，因為只要當我遭遇挑戰、挫折，我的最高指導原則就是「回到自身」，而不是試圖去控制外在的人事物。神奇的是，當我認知到我其實根本不需要控制時，人生反而變得更加地令人感到自在，好似自己可以面對一切，充滿了力量。

因此，我認為**分手的發生，是為了讓逼迫彼此去面對「孤獨」**。而會面臨分手的人，並不是因為情感經營比較失敗，那些一直選擇不分開的人也不代表他們比較成功。

當我們的目標是「學會去愛」時，不需要把「是否分手」當成一個自己是否成功的指標。因為每個人所需要面臨的課題都是不同的，有些人的課題可能是需要去面對孤獨，因為孤獨使這些人感到害怕，所以問題顯化為「分手」來幫助這些人能夠創造一個能夠面對孤獨課題的情況。有些人則是需要去面對與孤獨相反的東西，可能連結使他們懼怕，所以問題顯化在「不分開，一起解決」上面，來幫助這些人創造一個能夠面對其恐懼的環境來面對。

如果你因為失戀或無法分手很痛苦，那其實都是你為了讓自己面對恐懼而創造的環境，因為痛苦的情緒才能使我們有動力去解決並面對跟恐懼有關的事。當你感覺到讓你「一定要改變」的痛楚時，其實只代表一件事：「你現在準備好面對自我了，而你所遇見的挫折與障礙，都是為了讓你活得加更自由而發生的」。

還沒準備好的人感受不到「一定要改變、死都不要再跟以前一樣」程度的痛苦，他們會藉由各種方法逃避、麻痺這種感受，騙自己說一切都還過得去，但也過得不開心，因為同時他們也失去了感受生命美好的能力，但這也沒有不好，只是他們生命歷程還沒讓他們走到「準備好面對」的階段而已。

分手後面對巨大的痛苦，不論我們是提分手的那方還是被分手的那方，都會去懷疑分手的這個選擇到底是不是個錯誤？如果它是對的選擇，那怎麼又會帶來如此巨大的痛苦呢？因為我們認為「對的選擇應該要很輕鬆才對」。

Chapter

3

關於分手的過去、現在、未來

“

我發現面對失戀，其實需要把三個立足點搞清楚：過去、現在、未來。

過去代表的意思是，要把過去在這段關係發生的所有事情的來龍去脈搞清楚，讓每一件在這段關係中發生的事情都在你腦袋中變得「合理且可以理解」。

現在的意思則是，我要不欺騙自己，了解自己現在真實的狀態。

未來則是，我在想像我自己的未來時，是一片光明？還是一片黑暗？通常我們痛苦的感受會直接連結到我們對未來的想像。

”

從過去、現在、未來療癒自己

前面有說到，失戀分手創造了一個讓我們能夠認識現實的機會，並且重新選擇我們看待事情的定義。所以我們會進入一個混亂狀態，不知道應該選擇什麼觀點看待這段關係、自己跟對方以及在關係中發生的每件事。只要能夠為每件事都找到可以讓我們滿意的定義，讓每件事情的定位都「確定下來」，就不會那麼的不安。

因此，我們必須先知道自己想要從這段已經結束的關係上頭「感受到什麼」。對我來說，我想要我回頭看這段關係時，是充滿愛、幸福感、感恩與力量的。這幾個感受缺一不可，所以我了解我可能必須比別人更用力地面對、反省及審視這段關係，我必須對我的人生結果負起應有的責任，並且好好修復我與自己的關係，面對那個總是好像要吞噬我的恐懼。不然就算進入下一段關係，結果也不會改變的。

我不認為你需要跟我有一樣的目標，因為並不是每個人都願意付出這樣的代價，也許你只需要自己頭也不回的往前走，那比起我的目標要簡單省力得多。也許你只是想要找到一個讓你不會痛苦的關係，那也簡單得多。端看你想要創造什麼、體驗什麼。

雖然我們說分手每個人想要的目標不一樣，但基本上還是有一個共同的最終目的——「消除痛苦」。只要能夠消除痛苦，並且重新再讓自己感到快樂，其實沒有一定需要外在環境的改變來配合自己，更正確的說法是，每個人要達到「消除痛苦」的目的，想要採用的方法是不一樣的。

而這本書我想要分享的，是我自己找到的面對方式。直到最後，我發現面對失戀，其實需要把三個立足點搞清楚：過去、現在、未來。而這分別代表什麼意思呢？

過去代表的意思是，要把過去在這段關係發生的所有事情的來龍去脈搞清楚，讓這段關係中發生的每一件事情在你腦袋中都變得「合理且可以理解」。

做這件事的重點，是讓自己更能夠接受對方所做的選擇，理解「每個人做每個選擇都有它自己的理由，不論這個理由是否合乎道德標準，對當事人來說都是合理的」。如果帶著批判的想法去看待對方所做的選擇，我們就只能選擇當加害者或是受害者，滯留在這樣的角色之中是很難獲得療癒的。

現在的意思則是，我要不欺騙自己，了解自己現在真實的狀態。例如我現在就是放不下、憤怒、嫉妒、想控制、想破壞一切、想把問題都推到對方身上、還是喜歡對方……等等我們可能無法接受的狀態。

面對分手時，我們身邊的人都會做一件讓當事人壓力很大的事，就是希望當事人「趕快好起來」。甚至會在無形中給你一種「不要再愛對方了，我認為他不好」的暗示，雖然立意良善，但這種期望其實很容易傷害到正在受傷跟試圖療癒自己的人，好像不趕快好起來自己就是可笑的。

因此雖然身邊的親朋好友是我們的支柱，但他們在我們感到痛苦時的所作所為並不一定對我們都是有幫助的。但因為失戀的狀態下我們都很脆弱，會很容易聽信信任的人所說的任何話，因此我們一定至少要有一個朋友，是可以不帶自己的主觀意見，相信你並且聽你說話的人（這對於療癒的過程來說非常重要）。

未來則是，我在想像我自己的未來時，是一片光明？還是一片黑暗？通常我們痛苦的感受會直接連結到對未來的想像。

如果對未來的想像是缺乏可能性、沒有快樂、充滿遺憾跟後悔的，我們現在就會感到痛苦；相反地，如果我們的未來是充滿可能性、快樂、自由的，那我們現在就不會感到痛苦。而對未來有何種想像，完全源自於我們如何看待、定義自己的存在。如果我們對自我的定義完全來自於他人或特定對象會不會愛我們，那情緒就會非常不穩定，會大起大落。當對方反應不錯時，一下覺得未來有希望，當對方反應不太好時，一下又覺得落入地獄。

我們要掌握的重點是對未來想像的穩定度，因此要回到自身挖掘自己潛意識之中到底如何看待自己。

在從過去、現在、未來這三個切入點來療癒自己時，同時有一個重點，就是**不要急著改變**。為了擺脫痛苦，很常發生的狀況就是我們會逼著自己要趕快「改變」，然後越改變越挫折，因為發現我們根本不知道自己要去哪。最先該做的事，永遠都是「誠實面對自己」並且了解自己的現狀是如何被自己創造出來的。

所以接下來所講的東西，都會建立在「**能夠滿足我的目的的觀點**」的前提上。我們前面已經花了很大的篇幅，在解釋其實人生就是在做觀點的選擇這件事。接下來我所提到的內容，都是我喜歡的觀點選擇。所以我希望讀者對我後半段的內容有「這只是一種看待分手的觀點，一個可以讓作者面對這段關係時感到幸福、有力量、充滿愛、沒有悔恨的觀點」。

並不代表我所講的東西一定是你目前需要的，也許你需要的是把自己當受害者，然後把關係結束的問題都認為是對方的錯也說不定，這樣的觀點也沒有錯，對「放棄這段關係」也有幫助，只是可能並不會讓自己得到真正的平靜。我挖自己挖得比較深，也有信心自己面對的部分比大部分的人都多，所以你可以自己擷取自己想要的深度。

過去：分手是交往前就決定好的事

缺乏「自我覺察」的能力

經過兩年的沉澱與思考，我發現我跟前男友的問題，其實一直都跟著我們，並不是我們認識之後才發生，而是那個種子一直都在那。我們因為在一起變得更加在乎對方，而引起了內心各種惡魔，因為對彼此產生了執著，創造了讓那個「問題種子」發芽的環境與空間。就算不是遇到他，是遇到其他人，也會有一樣的問題發生，因為我們會喜歡上誰、跟誰在一起，也是因為這個種子。

在我和前男友的例子裡，我們的課題，源自於我們在原生家庭中對於愛的不滿足，而我們也會因為這個不滿足，被某種特定氣質、類型的人吸引，並且透過那個個體產生不切實際的浪漫投射。而這種類似充滿占有慾與不安全感的強烈吸引，也只有在我們內在匱乏的時候才會產生。

也是因為產生這種強烈吸引，分離的時候才有辦法產生巨大痛苦，痛到足以讓我們願意去面對自己該去面對的內在匱乏。如果我們不夠喜歡一個人，跟對方在一起、分離都不足以產生難以忍受的情緒，當然也就沒有意識到問題的機會。

因此很多人會開始思考，覺得自己是不是應該選「自己沒那麼愛的對象」，以為這是解決問題的方式。但在我的觀點看來，這樣的思維同樣只是在逃避問題。我的第一個男友就是如此，交往短短兩個月，分手時我也一點感覺也沒有。直到遇到了我真的投入全心去愛的那個男人，才痛到讓我不得不去正視問題。

而感情上分離的結果，對我來說也大到讓我不得不去正視人際關係中的問題，甚至是我工作的問題（畢竟我的工作跟人際關係還是脫離不了關係），與我父母的問題，幾乎痛到直刺我的問題核心。那種感覺我真的不會形容，真的是痛到靠北。

當你痛到靠北的時候你就會竭盡所能去做自己能做的事情讓自己脫離那個持續痛感的狀況。很多時候我的學生來問我問題，當他們認為自己「無法改變」的時候，我都會告訴他們這個觀點是需要調整的，**要把認為自己「無法改變」的觀點修正成「其實是還不想要改變」**。這也許也是一種比較嚴厲的觀點選擇，但對於去改變人際結果的層面來說，是絕對比前者有幫助的。

前面也有提到想法跟運作的差別，在這個案例中，就是運作「不選擇改變」但想法以為自己「想改變」。大原則就是我們要將運作視為真實的狀況，而想法只是我們為了逃避，在防衛機制啟動前提下的內容。

再舉減肥為例，當有些人明明「想法上」很想減肥，但每次看到好吃的，「運作」就是會忍不住去吃。這樣的人是真的想減肥嗎？的確，他可能常常產生「想減肥、想變瘦」的想法，或是「我當然不想要胖啊！」的想法，這也是源自於好壞對錯的框架產生的出來的問題。

會有這樣自我矛盾的人，都是把不屬於自己的框架架在自己身上。這樣的人會認為「不想減肥」是不好的、「胖子」是不好的，如果自己其實不想減肥，那別人會怎麼看我？那我不就變成一個懶惰又不上進的人嗎（他們也許是這樣連結的，每個人可能連結的內容不太相同）？那我就只好說自己「想減肥」，只是「沒辦法減」，把問題推到我「無法控制」的外力或說法上，如此一來我個人就減去某部分無法變瘦的責任承擔。既然不想減肥不好，我怎麼可能承擔無法變瘦的全責呢？

很多人會覺得如果接受自己「不想減肥」，就一定不會變瘦，但弔詭的是，接受自己其實不想減肥，反而不會受到食慾的控制，因為「需求」不再被壓抑，想吃的「需求」被看見了。**需求只要被看見跟接納的當下，它對我們的影響力就會下降**。如果承認自己「其實並沒有那麼想要減肥」才會減不下來，你就會發現「原來比起減肥要付出的代價，我其實現在更想要的是可以滿足自己的食慾啊！」

想法上不願意承認自己不想減肥，就是一種因為好壞對錯框架而必須壓抑自己真實需求的結果，當食慾上來我們馬上的反應都是「不行！」的時候，它就會因為被壓制而反抗力越來越大。因為我們不是自己做出選擇，不是因為自己的「喜好」做出的選擇，而是因為某個別人、社會給我們的框架才做的選擇。但如果食慾來的時候，你認為沒有什麼不能吃的，你才開始能夠真正選擇「不吃」，而且是真的「不想吃」。

我前幾天跟亞瑟去吃了Buffet，以前我去Buffet都會去吃一些我以前覺得「不能吃」的東西，就算我其實並沒有真的想吃，也會覺得「不吃很可惜」，例如披薩、炸物等等，那些在Buffet當中既占胃、不健康又不划算的東西。但因為我平常會壓抑自己「不吃」這些東西，所以到了可以吃的時候，我就會「不由自主」地去夾，然後後悔（笑）。

但這次去吃Buffet，我不再什麼甜點都想要吃，也對炸物失去興趣了，因為我前一陣子讓自己某一段時期去滿足自己，可以隨心所欲地吃炸物跟甜點。我給自己一段不再壓抑自己的時間，但為了不變胖，當我想吃時，如果發現吃得太頻繁，我就會告訴自己「我下禮拜再吃，但一定會吃到」。當我在Buffet看見那些我以前會不由自主夾的東西時，我就變得「捨得不吃」了。並不是不想吃或不讓自己吃，而是選擇這次來 Buffet 時不吃。

雖然這樣講可能會讓人覺得太過於犀利，但無法改變，其實是「比起改變，現在這樣的好處更多，所以選擇維持現狀」並不是「沒辦法」。所以學生問要如何改變時，我通常都只會回答：「不用急，當你夠痛就會自然改變了。現在還沒準備好要改變的話，就不用逼自己一定要改變，當你準備好了，自然就會去做了。」

回到正題，分手這件事其實某種程度上是已經「注定好」的，而這個注定好的原因，是因為我們在分手前，都活在自己的幻想裡，沒看清楚現實。課題會塑形我們面對所有正面或負面的事件的習慣解讀方式與傾向。

因此，當我們還未意識到自己的習慣與傾向，尚未取得「自我察覺」的能力時，才會說是「注定好的」。而只要當我們開始擁有了自我察覺的能力，就沒有所謂「注定好」的問題，這時候我們才能夠選擇自己想要的人生，創造自己想要的結果。

不是「稍微好過一點」就好了

雖然面對分手，我們必須承擔起責任，但這個承擔責任，並非去歸咎誰對誰錯，誰好誰壞。而就只是氫遇到氧會變成水，像化學反應一樣很單純的責任。水（分手）的產生只是一個現象，而氫跟氧都有創造這個結果的責任在，但並沒有「好壞對錯」的問題。我們必須學會純粹不帶有任何批判與既定觀點去看待一件事的發生。

為了搞清楚過去發生什麼事，也就必須具備這樣看待事物的精神：去除了好壞對錯，**把每一件事都看成一個單純的「現象」，才有辦法更客觀看清楚事情的全貌。**

因為當有「好壞對錯」時，我們就會想要逃避不好的，只想要看到好的，這是我們如果想要搞清楚「關係為什麼會變成這樣」時，一個很重要的、需要做到的前提。但這個前提會有程度上的差別，並非全有全無，就像我前面所描述的，我也不是一瞬間就看清楚，而是一層一層地去發現，拔掉自己還殘留的好壞對錯觀念，並且在一層一層剝開的過程中，越看越清楚。

在我生命中發生的事情，就是跟著我的潛意識的信念內容而產生的。當我的信念藉由運作的層次真正改變時，外在環境給我的結果也會跟著改變。

因此，如果想要改變自己感情關係中的結果，就必須抽絲剝繭地去了解自己潛意識（也就是運作）的內容長什麼樣子。並且了解外在環境之所以會顯現這樣的結果給我們，都是在告訴我們關於潛意識的內容。在這本探討關於「分手」議題的書裡面，中心主旨就是要找出「分手」這件事情要帶給我們，關於生命的訊息。

我個人會希望這本書並不是只是讓你在面對分手的時候「稍微好過一點點」而已，而是能夠在面對這段已經結束的關係時，感到平靜、感恩、充滿愛且沒有任何遺憾。很多寫關於分手的文章，是要我們接受遺憾的存在。接受「人生就是有遺憾的現實」。但我並不這麼認為，我認為該找到一個使遺憾的感覺消失的觀點，而不是帶著悲傷跟某個過不去的東西生活下去。

很多人面對分手，議題可能只有處理一半，就又投入了另外一段關係。他們可能選擇一段對自己來說安全的關係，可能選一個不會讓自己那麼想投入感情的人，但很穩定。在回想起分手的那個對象時，可能並不一定會有什麼太多反應，但假設如果對方再度出現（或是在新對象身上看到與前任有類似的狀況時），還是會大受影響，這樣等於我們並沒有真正去挖掘自己在這段結束的關係中要學習或了解的事。

我會希望大家都能夠帶著挖掘自身議題跟面對恐懼的覺悟，把分手的痛苦當成一個絕佳契機，好好地去處理自身議題。而不是只是「讓自己感覺變好」，就當作一切都沒問題了。

我發現能夠自產「愛」的能量，成為愛的源頭的必要條件是：釋放掉所有我過去認為「正確」的框架。這意思並不是說我得去做「錯誤」的事，而是學會純粹的不用對錯的框架去認識世界。

分手是我們自身的課題所帶來的結果，而我們可以透過和這個「能夠左右我們自我價值」的重要他人的互動中，發現重要的訊息。因為如果對方沒有可以左右我們自我價值的重要性時，存在於我們內心深處的問題根本沒有機會可以被發現。因為面對一般非親密關係的人際關係，我們隨時可以選擇不再繼續深入交往，而失去非親密關係的對象痛感也不會那麼強烈。

我們要弄清楚這段關係到底發生什麼事，只要能夠回頭看這段關係所發生的所有事件、情緒，都能有「嗯，事情變成這樣真的很合理」的感受時，我們就更能夠去「接納」分手的這個結果。

要了解分手的這個結果不是突然發生的，而是在相處之中一點一滴累積的。我們會放不下分手的這個結果，很大的原因就是「不知道為什麼對方、結果或自己會這樣」，如果我們不知道為什麼對方會做這些選擇，就代表分手前我們活在自己為對方（或自己）創造的幻象裡，並且認為對方應該要有別的反應跟選擇，認為結果應該不一樣。

對方的所有反應、講的話對他來說都是合理的，找出讓所有事情合理的核心思考邏輯

也就是說，當我們無法理解對方的行徑，要做的是盡量拿掉自己的主觀，讓自己站在對方的立場，感受一下你對他做的所有事。我們很常在面對其他人的事情時搖身一變成為愛情大師，好像事情都看得很清楚，面對自己的事情卻會一塌糊塗，是因為我們會為了自我保護而進行自我欺騙。

並不是因為我們永遠看別人的事情都一定比較清楚，當我們不再需要自我保護時，我們看自己的事情其實可以比看別人的事情更加明確清楚，因為比起別人的事，我們對自己的事擁有遠大於別人的事的資訊、情報量。

所以首先要先有一個概念，也就是對方所採取的一切行為、反應對對方來說都是合理的，不然對方不會選擇那樣做。對你來說是無理取鬧的事，對對方來說那不叫做無理取鬧。對你來說不合理的，對對方來說是合理的。意思是，如果你今天真的變成了對方，你理所當然會採取完全一樣的反應跟行為。

因為當你變成對方時，是用對方的身體與腦袋在感受世界、擁有對方的過去記憶與體驗，雖然我們可能無法百分之百了解對方經歷的感受，但至少我們可以找到一個解釋對方在關係中所有選擇的邏輯核心。就像是找到一個可以貫穿全部現象的公式一樣。

反過來看自己也是一樣的，我們的行為舉止、反應都是有一個統一的核心邏輯。就算看似矛盾的現象或表現，都有一個可以同時合理解釋矛盾的原因。例如明明很在乎對方卻選擇不跟對方聯絡。這看似矛盾的狀況也可以有個合理的解釋：因為太害怕自己受傷或是太害怕對方受傷而做出的選擇。**所謂的「矛盾」並非真正的矛盾，矛盾是我們遇到看似相反現象的時候，無法理解時給的一個不去看成因的偷懶詞彙。**

就像是日夜、善惡等看似「相反」的二元性概念，我們以為他們是互相衝突的（表象看起來是如此），但事實上再細看一點，會發現二元並非互相衝突，反而是互補。因為沒有日我們就不會知道夜是什麼，沒有惡就不會有善的存在，一端的存在是跟另外一端比較之下的結果，所以兩者無法單獨存在，因此是「互補」而非「衝突」。只是因為「表象」看起來衝突，所以我們會很容易被表象給迷惑。

用「運作」的方式來看自己對對方的方式，而不是「想法」

這有點像是看自己的影片或聽自己的錄音，藉由「第三者」的角度來觀察自己的時候，會發現我們跟自己腦內想像中的自己好像有很多的差別。這就是「想法」與「運作」的另外一個層面的差異，我們會不想要認為自己是不好的，所以腦內對自己的「想法」通常都不會符合現實，有可能會醜化自己或美化自己。美化自己的原因很直接，就是不想要面對自己擁有自己所設下的「不好」框架下的特質。

醜化自己的原因則是不想面對自己所設下的「好的特質」所帶來的責任，因為我可以把我人生不順利都歸因到這些，我擁有的「不好」的東西上，我自己就不用承擔責任。例如明明不笨的人認為自己笨，明明不醜的人認為自己醜，只要他們這樣認為，就可以把人生的失敗歸因到醜、笨上面。因為如果我既不醜又不笨，但是我仍然得到我不喜歡的結果，那我該怎麼辦？我不就完蛋了嗎？

也就是說，當我們想要去真正理解過去發生什麼事，我們必須暫時摒除「想法」

給我們的障礙，了解自己在非自己的他人眼中是什麼樣子。舉我自己的例子來說，我會覺得自己講話很正常，但事實上我很常講話都是語氣偏硬、偏兇的，所以當我講話的時候，就算我「覺得」我自己很溫柔了，可能別人還是覺得語氣有點硬，這樣當然就會影響我的人際結果。因為當我習慣講話是比較強硬的態度，我卻覺得自己很溫柔，這不就會造成很大的問題嗎？

當然除了語氣之外，還有加上以我們的形象為前提的肢體動作、用詞等等別人會容易產生什麼樣的觀感，就會知道當我們投出刺激時，別人會如何接收、消化我們投出的訊息。我們需要以一個脫離自我的身分，完全讀者或局外人的角度來重新檢視一次關係中發生的事情。

秘密藏在細節裡

人的感官是很厲害的，身體隨時隨地在無意識地記錄上千百萬種訊息，而你跟對方相處的每分每秒，也同樣被記錄在身體裡。你有可能閱讀過關於腦科學的書籍或知識，知道記憶是有可能被捏造或竄改的，但記憶會被捏造或竄改的部分，其實也如同前面講到的，是需要「自我保護」的時候才會產生的機制。因此當我們真正地、不帶偏見地想要去了解這段關係發生什麼事時，基本上大致上可以信任我們的記憶。

當時對方怎麼說的、對方的情緒、語氣、當時的氛圍，對方的小動作等。反而這些你認為「微不足道」的訊息，會給你最多的線索。而這些你認為「微不足道」的資訊，反而不會容易記錯出錯，因為威脅性微不足道所以也不必啟動保護機制。

我們必須重複用不同的角色讓自己重回到過去的場景，用各種不同的角度去看整件事情，有沒有什麼不同的解讀方式，最終找到一個可以貫穿對方所有選擇的解釋方式。而這個解釋方式，要以「是否能合理解釋所有對方的行為與選擇」為基準，因為有時候真的找到了解釋方式，但不見得是你想要的答案，而如果你不能接受這個答案，可能又會開始啟動自我保護機制用各種方法來騙自己。

現在：誠實面對自己的所有情緒，釐清成因

坦率是非常重要的事

「對自己誠實」是整個療癒自我過程中最最最重要的環節。而誠實的面對自己，比我們想像中難很多，當運作與想法有衝突的時候，那就是一個對自己不誠實的最大徵兆。當我們對自己越誠實，就越不會有運作跟想法上的矛盾。

我曾經在網路上看到一個影片，是一個女生和某個冥想大師的對話。

女生問：「我要怎麼面對霸道的另一半？」

大師笑著問她：「你是想要問如何控制自己還是控制對方？」

女生說：「……自己。」

大師又笑了：「不，事實上你是想要『修理』對方吧？」

女生慌張了：「不，大師不是的。」

大師接著說：「在我們的生命中，坦率是非常重要的事。你想要的，是你的丈夫被修理好，但因為你坐在我面前，所以你說你想要調適自己。你想想看，你將他定義成『霸道的』，很明顯地你是想要修正他。但如果你認為自己是一個有問題的妻子，那你也許會產生『修正自己』的想法。」

很多人在採訪的時候會問我一個問題：「你遇到過最難處理的個案是怎樣的？」我想他們想知道的是我的實力能解決多難的問題，但我並不是一個萬能的神，我的個案遇到再困難或再簡單的問題，都不是我能替他們解決的。因為真正去執行「解決方案」的人還是他們自己，我能做的最多最多就只有出一張嘴。

我遇過最困難的個案，都不是他們遇到的事情有多複雜、多難解，而是**當事人對自己跟我都不誠實，連問題都不願意正視時，那才是最難搞的狀態**。例如他內在有很多抗拒，你可以感覺到滿出來的抗拒的能量，但他卻說自己一點抗拒都沒有，而且不接受你對他的觀察，這樣的狀況才是最難解的。

只要有面對問題的決心跟對自己誠實的勇氣，什麼問題其實都不會是什麼太大的問題，因為他們願意付出相對應的代價。但如果缺乏面對問題跟對自己誠實的勇氣，那不管再小的問題也會變成巨大的問題。因為從頭到尾我們在意的都不是外在問題本身，而是這件事情有沒有為我們帶來困擾。如果沒有困擾，那麼不管外在的狀況如何，那問題都不復存在。

如果今天有A、B兩人，A跟B都很固執，例如他們都會堅持停車一定要怎樣停，不那樣停就感覺不對，然後花一小時把車停好。

你告訴A與B說：「我覺得你很固執。」

A回答：「我哪有固執！你才固執！你全家都固執！」

B回答：「嗯……我其實也覺得耶，你可以告訴我我哪裡讓你覺得固執嗎？」

這時候，A跟B誰比較固執？也許A跟B在回答這個問題前的固執的外顯程度是一樣的，但一旦其中一個人「看見且接納」了對於自己「固執」的觀察，那他固執的程度瞬間就至少降低一半，並且開始有了改變的契機。

因為他開始會詢問並且真的想知道自己哪裡讓別人覺得固執。這個人可能根本還沒開始改變，但是光是「看見跟接受」就能夠使固執的特質對B的影響下降許多。

正處在抗拒狀態的人，也許也會問：「我哪有固執！你說啊！你說說看啊！我哪裡固執！說啊！」他雖然形式上姑且是問了，但是他的意圖並不是要聽答案，而是只是藉由問對方哪裡固執的這個形式在抗拒而已。如果你說他在抗拒，他大概會說：「我哪有抗拒！我就沒有固執啊！」

當然你現在看這個故事會覺得有點荒唐，但如果你現在是A本人，你也許根本不會注意到原來你自己所做的選擇跟行為，事實上在一個客觀（客觀的意思是不帶有偏見）的角度看起來是長這樣的。而你在過去的關係中，也可能常常處於這樣的狀況，尤其在你有抗拒的感受出現時，你會沒有任何的餘裕去自我覺察，因為**抗拒本身就是一個完全拒絕向內看，需要把東西都往外推的一種狀態。**

接受負面情緒，更了解自己

因此，在「現在」這個角度，我們可以透過自己當下出現的情緒，以及對此情緒的感受來察覺自己的好壞對錯的框架。

舉例來說，如果你看到分手的前任有新對象時，內心產生了憤怒的情緒，而你本身可能對自己還留戀、在意前任這件事感到羞恥或覺得「這樣不行」時，就會去拒絕自己原本產生的那份憤怒，告訴自己這個憤怒是「沒必要的」。只要我們否定了自己產生的情緒，我們就很難去挖掘、面對產生這樣情緒的源頭。也因此，好好地檢視自己在遇到刺激時所產生的情緒反應，不去評斷自己所產生的所有情緒對於療癒自己是很重要的事。

因為還在意前任，所以他仍然會是一個很容易引起情緒的刺激源，大部分的人採取的作法都是盡量逃避，不去讓自己被刺激，阻止負面情緒出來盡量讓自己不要不舒服。當然這在分手還很痛的前期，自我尚未發展出適當面對刺激的穩定度時，不讓自己被刺激是有必要的。

但對我來說，我希望自己可以盡量被刺激，因為每當我被刺激，產生出我沒有意料到的情緒時，都很像是我又發現了自身某處需要被了解、發現的地方，每當負面情緒產生，我就又更了解自己。而當我了解、接納自己看世界的方式與立場，這件事在出現時，就不再是困擾跟問題，就算有負面情緒，也能純粹地去感受體驗。

一層一層挖掘自己的信念，並且一層一層的把這些好壞對錯的信念給釋放，讓自己一步一腳印更加地自由。因為雖然了解對方是外在的刺激來源，但是我內在所發生的一切情緒，都跟對方無關。那全部都源自於我跟我的「自我關係」（我如何看待、定義自己），對方其實只是我自我認知的投射體罷了。

實踐了這個觀點之後，我發現我其實並不需要真正改變對方或狀況，是因為我將對方跟狀況視為「問題」，這件事才會困擾到我。我發現百分之九十九的問題，都是自我鑽牛角尖下的結果，**只要我們能夠解放自己，也就不會需要去控制他人跟狀況**。我們要的其實只是讓心情變好，讓自己感覺更自由，而非事情都照著自己的期望去走。

所以每當我被刺激到的時候，我都會問自己：為什麼我會產生這個情緒？這個情緒是在我如何看待、定位自己／對方／狀況時產生的結果？這個看待跟定位的方式，符合「現實」嗎？還是是我的恐懼／慾望讓我無法看清楚事實？當我們能夠看清楚「現實」，並且接受「現實」時，情緒就會平靜下來。

有一部動漫叫做《約定的夢幻島》。這部動漫所講的內容，大約是人類變成了某種生物的食物來源，人類的孩子被「快樂安心地」圈養在「農場」裡。用最好的教育跟愛來培養成食物。裡面管理這些「貨源」的人是以前同樣被圈養的成人。這機制讓我想到那種上等的肉，也都是給予最好的環境、食物甚至讓牠們聽音樂，在牠們被宰之前給予上等的生活品質，才會有上等的肉質的概念是相同的。為了不讓這些貨源長期處在不安跟恐懼之中影響口味，會由人類的成人來養他們，直到他們十二歲。

管理貨源的成人被稱作「媽媽」，農場被包裝成孤兒院，當裡面聰明的孩子們發現其實那些離開孤兒院的人都不是被領養，而是被送去給其他生物吃掉時，他們開始與「媽媽」們鬥智鬥勇。媽媽們的心理狀態很複雜，在動漫中時而看似很無情（因為他們就是把大家都養大然後送去送死的管理者），時而對孩子們柔情滿滿，好似雙面人一般令人毛骨悚然。媽媽總是想阻止孩子們往外逃走，因為對於這些選擇成為媽媽的人來說，逃出去只有死路一條，還不如在這裡快樂的活到十二歲然後在不知情的狀況下死亡是最幸福的。

看到最後，會發現「媽媽」們看似想要將孩子們好好地完整「出貨」，但事實上她們在這個扭曲的世界裡，用不得不被扭曲的方式愛著這些孩子。在他們真的逃出去的那一刻，媽媽們都是帶著「既然都無法挽回了，那就請神祝福他們」的心境。

這些「媽媽」過去也被當成貨物，但最後被給予了活下去的機會，就是成為「媽媽」。她們可能也曾經想要逃出農場，但在自己確定逃跑是不可能的認知發生之後，決定不繼續抓著似有似無的希望，在「不可能逃跑」的框架下，她們認為「接受」自己的命運時會活得最安穩，不必每天提心吊膽。因為知道最後等著自己的是什麼，就算是很淒慘的下場，只要「接受」了，一切都不再痛苦了。所以她們也不斷勸阻想要逃走的孩子們，告訴他們逃出去也是絕望，不如在這如此美好的環境下接受自己的「命運」吧！

雖然動漫裡呈現一個扭曲的世界觀，但的確告訴我們一件事——平靜是當你接受「事情現在就是這樣」時會出現的東西。當然這不代表接受之後不能選擇改變，或必須安於現況，**但「接受」是讓自己冷靜下來，不要大起大落的最佳方式**。

我自己也發現，在這個過程之中，當不能接受的事情越來越少時，我也過得越來越開心，越來越自由。也因此，我藉由刺激，來發現自己是不是還有「不能接受」的事情，我所不能接受的內容是什麼？原因是什麼？源自於我採取什麼樣的觀點？如何改變自己的觀點才能變得更接受現況？

很多人搞不太清楚「接受」跟「妥協」的差異，會以為接受的意思就是「放棄治療」，但接受並不是放棄人生、放棄治療，而是讓自己能夠更看清楚所面對的狀況，再採取行動。例如一個癌症末期的病患「接受」自己癌症末期並不等於他會放棄治療，而是更能平靜地看待接下來有可能會發生的事情，以及採取會幫助到自己的選擇。會有「無法接受」的內在狀況發生，就是因為事實本身無法被否定的存在著，但我們想要否定它。

當我們在講所謂「抵抗」跟「不接受」時，不論自己處在「接受」還是「不接受」的狀態時，現實都不會改變。唯一造成差異的，是當我們「不接受」時，有非常多的內在耗損，我們把精力浪費在抵抗一個無法被抵抗的事實上（目的就是為了逃避，逃避就是為了自我保護，都是在心境上的層面，而非現實層面）。

例如自己已經在醫學上過胖了，但是自己沒辦法接受自己過胖，這個不接受並不會改變醫學上過胖的事實。只會讓我們不斷內耗，而不是好好面對自己過胖的事實而著手去改變，就像是把頭埋進土堆裡的鴕鳥一般。只有當我們接受時，我們才會有餘裕去問自己說：「好，我現在被醫學判定過胖，我是要開始減肥？還是要選擇『我要過得爽，不是過得長壽』，然後持續這樣的生活型態？」不管最後是選擇改變還是不改變，都需要先「接受」跟「面對」才有辦法往前進。

不是找「正確」答案，而是找「喜歡」的答案

當我們接受之後，才能真正開始為自己做選擇。而當我們要開始選擇時，**停止尋找「正確答案」，而是找「自己喜歡的」**。

延續剛剛過胖的例子來說，選擇減肥是一個大部分的人都會認同的「正確」的答案，但這並不見得是你喜歡的，也許你喜歡的是持續這樣的生活型態。人生大部分的難題，其實都不太難，難都難在我們太貪心、不願意接受現實而難以下決定上面。

什麼叫做太貪心、不願意接受現實？前面有提到，「現實」就是一件事有多好就有多壞，沒有所謂「全部都是好處」或「全部都是壞處」的選擇。當我們幻想有這種

「只有好」的選擇時，那就是不接受現實，同時也是太貪心。當我們面對選擇的難題時，就會想到兩個選擇都有「好的地方」也有「不好的地方」，如果我們想要選的是「好處比較多」的選擇時，就會選不出來而成為「難題」。

就算因為看錯了以為某個選項比較好而選了它，選了之後也會發現其實不如自己想得那麼好（因為期望不符合現實），然後不斷循環這個要找到「好處比其他選項都更多」的選擇，然後永久地失望，或是要選「壞處比較少」也是同理。

當我們只是根據「喜好」來選擇要做什麼時，才能真正地接納現實。例如要蘋果還是橘子？如果選擇基準是「最棒的水果」時，可能每天都會推翻自己的答案，無法做決定，覺得好難選擇，因為橘子不夠脆、蘋果不夠多汁，怎麼沒有一個是又脆又多汁的？但如果他的選擇基準是自己喜不喜歡，那喜歡橘子的就會連同「不夠脆」這點一起喜歡，喜歡蘋果的就會連同「不夠多汁」一起喜歡。

用「自己是否喜歡」來做選擇的人，才會安於自己的選擇，並且看清楚事實。因為當我們喜歡一件事時，會連這件事看似的壞處一起接納，這樣才叫做喜歡。但每個人喜歡的「東西」是不一樣的，有些人喜歡「體驗」，喜歡體驗的人就會去做沒做過的選擇。有些人喜歡「安穩」，喜歡安穩的人就會去做以前做過的選擇。如果不知道自己喜歡什麼，那就都去試試看，就知道自己喜歡什麼了。

我們喜歡的東西也會因為人生經歷的不同而改變，所以只要去選擇自己認為自己喜歡的東西，再去體驗看看自己是不是真的喜歡就好了。反正如果突然發現自己不喜歡了，再來想辦法嘛。人會活得不快樂，是因為發現自己沒有選擇，或者是被逼著去做某個選擇，只要我們認為一件事是我們自己所選的，就更能夠接納所有狀況，也會活得更快樂、更心甘情願。

同樣是自主隔離，一個人喜歡待在家或是把隔離當成面對自我的好機會，另外一個人是因為疫情而被逼著自主隔離。這兩個人在待在家不能出門的心境是完全不同的，一個人很享受，另外一個人覺得自己好像被關在監獄裡。而這兩個不見得是不同人，有可能只是不同時期的自己罷了。一切都看我們到底內心是否感到自由，而非外在狀況替我們創造自由。

未來：對未來的想像，都源自於自我定義

在調適分手的這條路上，我發現我現在心情良好與否，都與我想像出的未來有巨大關連性。如果我覺得我的未來有無限的可能時，就算現在狀況不好我也不會太過於困擾；但是當我在展望未來時，覺得自己的未來是被限縮的、沒有可能性時，就算現在狀況很好我也會非常困擾。因為未來是尚未發生的事，所以**我們所展望出的未來就會一直根據自己當時的狀態而變動，變動的依據，就是我們如何去定義自我。**

我相信各位聰明的讀者會發現，不管是過去、現在還是未來，都會牽扯到所謂「自我定義」這件事情，也就是說「自我定義」跟我們體驗到的情緒有強烈且直接的關聯性。反而所謂「現在客觀現實狀況」不見得會有直接關連性。也因此我們會一直看到或聽到許多過去有大智慧的前人，告訴我們要「向內看」而非「向外看」。這些有大智慧的前輩都一直在引導我們，要把重點放在自己的內心上面，不是去控制、改變外在。

雖然話講出來很簡單，但因為我自己也是那種有控制議題的人，所以我時不時的也會迷失，又進入那種想要控制改變別人、外在的慾望出現。

就像我前面說的，要跳脫出這樣的習慣需要反覆的練習。首先是清楚知道試圖控制自己以外的人事物並不會得到自己想要的結果。雖然知道是一回事做到是另外一回事，但不需要太急，每次每次的練習，都會讓你更加熟悉新的路徑。並且發現自己又走在舊路上的時間點會越來越提早，最後就會發現自己在跳進舊框架之前就能選擇別條路了。

也因此，為了不斷讓自己練習，我會讓自己去承受各種我認為自己有辦法承受的刺激。讓我一次又一次的重新矯正自己對現實的認知，讓自己更加的貼近現實而不是活在自己的腦袋裡。

關於自我定義的部分，最麻煩的地方不是如何定義，而是自我定義是會浮動的。我們認為自己是怎麼樣的人，然後可能發生了某些事，就會開始懷疑自己到底是不是這樣？是不是真的有這樣的能耐？還是其實是自己想太多？其實自己很廢？會不會過去那些認為自己好的那一切全都是自我感覺良好下的結果呢？

尤其在失戀的狀況之下，我們過去所認知的自我被失戀這個狀況破壞掉了，造成我們痛苦的事實上不是別的，就是這個回不去且無法被重新拼湊起來的自我認知。就像前面說的，這樣讓我們崩潰的事件發生，就是因為我們過去活在幻象裡，這是一個讓我們認識「現實」的大好機會。但這個現實絕對不如想像中可怕跟殘酷，真正的現實是充滿可能性跟機會的，真正的現實是極其公平的。

也就是說，我們要用更加真實的角度來重建自己的自我認知。所謂的「更真實」

就是拿掉好壞對錯來看自己，完全以客觀且中性的方式來看待每一個自己身上所有的特質。

要了解所有好壞對錯的框架，都是一種「立場」，而選定了立場，視野就會開始狹隘，因為立場就等於扼殺了其他角度看事情的可能性。也就是說，講得稍微難聽一點，所有好壞對錯觀念都是缺乏彈性的，都是在扭曲現實的真實樣貌。

這個真理在近十年的電影、動畫、漫畫、日劇都有從不同角度探討：是否有真正的對錯、正義等固定立場的存在。我鼓勵大家可以多多去質疑自己自己本來認為理所當然的事物，就不多花篇幅探討了，大家可以多多去接觸這樣「質疑理所當然」命題的藝術作品，幫助自己活化思考跟跳脫框架。

當我們能夠用更貼近現實的方式看待自己、他人跟環境時，就會發現現實是同時很殘酷跟仁慈的。

那我們要怎麼樣可以用「更貼近現實」的方式看待自己呢？

❶將優缺點的觀念系統拔除，改成「特質」

首先，要如實地看待自己，就是要先把「優點」跟「缺點」的概念拔除。因為優點跟缺點就是一種立場的選定，把一個特質看成只有單一面向，不是「好的」就是「不好的」而缺乏彈性，阻礙我們拓展認知的邊界，以為好就一定是好，壞就一定是壞。例如「做事小心」是一個中性的說法，但當我用優缺點的角度切入的時候，同樣的特質可以是缺點也可以優點，優點的說法會是「謹慎」，而缺點的說法則是「膽小」。

像我很多的學生會認為「大剌剌」是不好的，因為他們可能覺得自己大剌剌的特質而無法讓自己喜歡的男生喜歡自己。或是他們被教育大剌剌＝沒禮貌，這樣的學生也會覺得大剌剌不好，所以會表現得特別保守或ㄍㄧㄥ。但事實上大剌剌並沒有一定不好，只是因為他們有從上一代教育（洗腦）或經驗作為先入為主的認知偏誤，就會沒有辦法好好去看一個特質的本質。

就像線上遊戲選角色一樣，如果我們覺得缺乏力量不好，就不會去選魔法師，但其實魔法師能做到很多力量系角色做不到的事情，也許操作上自己更適合魔法師也說不定。或就像是自己明明對顏色很敏感，可以去做藝術相關工作，卻對藝術帶有偏見，去做了一個跟數學相關的工作，搞得自己無法發揮所長。

2 了解自己有體現所有人格形容詞的能力，只是看自己怎麼呈現

人都有一些容易被別人察覺到的明顯特質，我們很容易將自我跟這些顯而易見的特質綁在一起，例如如果我很容易被別人察覺到強勢，我就會認為強勢＝自己，這樣的觀點也會讓自己無法示弱，認為「示弱」、「溫柔」不是屬於自己的一部分。但我們每個人其實都有能力去呈現每一種人格形容詞，只是每個人呈現的方式不一樣，例如「氣質」，林志玲的氣質就跟張鈞甯的氣質不一樣，但她們都會被說是「有氣質」。

我們平常容易被察覺到的特質，是被環境潛移默化訓練出來的。意思是，就像是身體的肌肉一樣，比較常用到的肌肉就會比較發達的意思，少用到的就會不明顯或萎

縮，但每個人都還是擁有每一條該有的肌肉，只是平常有沒有練習去用它而已。

一個強勢的人也會有溫柔的一面，有時候單純的人更容易發現別人沒發現的盲點，也就是大智若愚。聰明的人正因為仗著自己聰明，也會有莫名其妙的盲點。這就如同本書一直強調的「現實」本質一樣，我們不能被事物的表象欺騙，每一件事一定有同等的好處與壞處，只是我們有沒有意願去發現而已。

我們很喜歡用「我是這樣的人」、「我不是那樣的人」來無意識的框住自己，幫自己框一個沒有辦法移動的立場。**其實要改變「立場」，只需要走動起來改變站立的位置就可以了，但是比起先去試試看，我們總是都會預先幫自己設限。**認為自己不擁有溫柔的人，如果要他嘗試溫柔，比起嘗試溫柔看看更常遇到的狀況是，他會直接先說「可是我做不到」或「可是我就不是溫柔的人」。

每個人都擁有所有形容詞，差別只是如何用自己的方式來呈現這個形容詞。當我們做不到時，通常都是我們的腦袋裡有一些阻止自己進入狀況的聲音，例如「可是這樣很奇怪」、「別人會不會嚇到？」、「這樣好丟臉」、「這樣不好啦」等等。這些聲音讓我們又進入一個內耗的狀態，而無法把精神力放在好好地進入那個形容詞的狀態裡。但是我們有時候也會無意識地呈現出我們認為自己沒有的特質，只是我們自己並不認為那是「理想的玩法」。

舉例來說，我有很多學生認為自己不夠有趣，他們會一直想要怎麼變有趣。我就會反問他們，你以前有曾經說過什麼逗笑過別人嗎？他們的回答都是：「有，但我那時候就只是講我自己想講的話，不知道為什麼別人就覺得有趣。」我就會說：「既然如此，為什麼你會認為自己是不有趣的人？你不有趣的時候，不都是你在想要怎樣比較有趣的狀態嗎？你有趣的時候，不都是你沒有刻意想要變有趣的狀態嗎？」

由於這些人對於「有趣」有一個他人的模板在，覺得「有趣」一定要長成某一個樣子，自己做不出來，就認為自己不擁有有趣的特質。而當他一直想要「變得有趣」而不是表現自我時，反而會讓別人覺得很無趣。也許你大部分的時間都在想著要怎麼樣變有趣，所以很常讓別人覺得無聊，於是你就覺得自己是一個無聊的人。但這是一個很嚴重的誤區，只是因為你自己設下了一個「只有這樣才能被視為有趣」的框架。

如果你認為自己沒有什麼特質，只要問自己相同的問題。也許你呈現那樣的特質不是常態，但至少你人生中一定有某些時刻，是有展現出你自己所認為「沒有」的特質的。但因為不是常態，你就覺得自己不是那樣，不是很奇怪嗎？就像是平常很少尖叫的人，說自己不會尖叫一樣奇怪，因為每個人都會尖叫，只是每個人尖叫的樣子、聲音不一樣而已。

❸了解我們的人際結果是自己創造出來的

前面也有提到這點，潛意識的信念會透過外在環境顯現它的內容。如果了解人際結果都是自己無意識之中創造出來的，不管自己喜歡還是不喜歡，我們就只要去研究自己是如何無意識地創造這個現實即可。**信念只是一種被訓練出來，可以讓身體自動導航的一種習慣罷了，它可以透過自我察覺慢慢練習改變。**

採取任何「好壞對錯」的立場對自己沒有幫助，因為我們潛意識選定的一個立場才是造成人際結果的原因，而非客觀的自身存在就會造成。

既然自身的狀態是可以改變的，何必將自己定義成某一個固定的狀態或固定的價值？也就是說，我們對自我價值感到不穩定時，都是在認為自己好的時候質疑那個好的真實性，覺得自己不好時，害怕那個不好的東西會永遠跟著我們，做任何事都徒勞無功。因此當我們選定一個固定的自我立場時，總是會伴隨著恐懼跟質疑。

❹了解別人對我們產生評價的源頭（所有事情都是「相對的」）

我們可能時常在網路上看到別人說要獲得自信，就是要「不管別人說什麼，喜歡自己最重要」。但我個人認為，其實不太有辦法做到真的不去管別人說什麼，也許我們能夠不管「不認識」的人說什麼，但是我們還是會被對自己來說重要的人（尤其是父母、情人、近距離相處的同儕）給影響。

因此，我認為「不在意評價」的這個目標其實某種程度上是違反人性的，人是群居的動物，有與他人連結跟愛的需求，因此在意評價這件事是很自然的。我認為不如去了解「為什麼」別人對自己會產生這樣的評價，了解他人看待事物的脈絡與原因會更加實際。

當了解對方對我們產生這樣的評價的原因後，就能夠去挑選哪些評價是我們該在意的，哪些評價是有建設性的，哪些則不是。我們對外界的感受其實都是一種自我的投射，反過來說也成立，若別人會對你產生強烈的正面、負面情緒，那也是他自己的某種投射。

再加上，如果你很常被別人評價「開朗」，但比你更加開朗的對象大概不會認為你開朗；或是如果你很常被別人評價「嚴肅」，但比你更加嚴肅的對象可能就不會覺得你嚴肅。也就是說，每個人對你會有什麼樣的感覺、評價，都跟他自己的位置還有自我認知有關，感覺是相對的。

至於要聽取哪種人的建議，我會這樣去看：如果這個人的人生中，在他給我評價的那個領域裡，有確實得到我想要的東西，我會聽取他的建議；但如果這個人在他給我評價的那個領域裡，並沒有得到我想創造的結果，我大概就會先不管這個人給我的意見。以及**這個人是否真的了解我**？是否了解，跟認識長度不見得一定有正相關，有些觀察力特別敏銳、擅長與人相處或看人的人，他們就算不用很長的時間也大概能比其他人的人更了解你。

如果今天有人給你評價，他的出發點並不是希望你更好，而是想要攻擊你，或讓他自己感覺良好，那我就會認為這些評價是不需要參考的。他們很有可能會**將這個攻擊用言語包裝成「我是為了你好」**，但這個人是否是真的從你的角度替你著想？還是在強加自己的價值觀在你身上？這是每個人都要學會分辨的事情。

如果對方給你的評價或建議，是可以實質幫助到你達成自己想要的目標或結果，那這就是你需要參考的；但如果對方對你的評價或建議，完全無法幫助你達成想要的目標或結果，那就可以忽略。

當然，有時候面對完全沒有幫助的評價，我們仍然會感到受傷、在意，這時候我們該回過頭來看看自己為什麼會對這些評價產生反應。

如果今天你是個四肢齊全、身體功能正常的人，有人突然罵你「你他媽瘸子不會走路！」或「你這個暴發戶！」你會感到受傷嗎？我想應該是不會，因為你很清楚你自己不是瘸子也不是暴發戶（甚至你可能還會希望自己是暴發戶），你也不必證明自己會走路給他看，你只會覺得莫名其妙然後繼續過你的生活。但如果今天被罵的人真的是瘸子或暴發戶，他內心對於瘸子或暴發戶這個標籤是負面的感覺，不接受自己四肢並不健全、自己的錢不是自己努力賺來的時候，那他就會因此受傷。

由此可知，**我們只會對「自己某層面已經先認同」的事情感到受傷**，如果我們百分之百不認同某件事，就不會因為別人用這個理由攻擊我們而有任何感覺。

也就是說，如果自己完全接受了某個別人想要拿來攻擊我們的事（我是瘸子沒錯啊，是瘸子怎麼了嗎？），或是打從心底不認為自己是那樣，或打從心底持反對意見（啊我就很窮吼不是暴發戶啊你在說什麼？暴發戶明明就很好啊這哪是什麼會傷害人的詞！），那我們就沒有受傷的可能。

分手／被分手的人在想什麼？

先來定義一下什麼是「被分手」跟「提分手」，這邊所說的被分、提分，更精準的定義是**誰比較離不開這段關係**，如果是比較離不開這段關係的人提出分手，也會先後悔，然後整個關係的權力模式會是被分手的人占上風（如果他其實比提分手的人更能離開關係）。因此**不要把重點放在行為上，而是關係的權力結構上**。

被分手的人——我不夠好

被分手的人會有的狀況，不外乎是會想要緊緊抓住對方，希望對方不要離開。因為一旦對方選擇離開了，就會感覺自己一無是處，未來一片黑暗與遺憾。被分手的人會擁有很多疑問，為什麼對方會真的想離開？到底自己哪裡不好？我都已經做這麼多了為什麼還不夠？為什麼對方忍心就這樣離開？會有各式各樣的矛盾與想不通的地方，被分手的人很容易胡亂定義整件事的因果關係，很常見的就是**把問題都連結到「我不夠好」上面**。

這樣的連結看似很合理，「因為我不夠好，所以對方如何如何」，好像一切都講得通，然後就會覺得「只要我變好，那就可以怎樣怎樣」。我們開始拚命的想要讓自己「變得更好」，然後發現自己真的變得更好之後，對方也不見得改變主意，就又開始了無限崩潰，覺得明明自己已經「改變了」，為什麼對方還是無動於衷？難道不管我再怎麼好，我本身就是不夠好嗎？那我應該怎麼辦？這就是一個很難跳出的邏輯陷阱。

被分手的人會比較傾向想要去解決問題，而提分手的人則會覺得問題已經沒有解決的餘地。也因此雙方很難達成共識，被分手的人會覺得你為什麼不跟我一樣努力想辦法解決，而提分手的人會覺得你為什麼要一再的給我這麼巨大的壓力。

一般來說大部分的人會認為提分手的人會過得比較好，但我認為提分手的人受傷也很深，只是他們面臨的痛苦跟被分手的人不太一樣。提分手的人比較不會陷入情緒崩潰的痛苦，其實是因為他們以為自己「有選擇」，他們認為自己擁有自由。但那份自由不見得是真實的，如果他們提分手的時候發現對方沒有自己想象中崩潰、沒有自己想象中表現出難以接受，甚至是很平靜、不被這個決定影響的樣子，那他們可能會一瞬間亂了陣腳，因為他們以為在這段關係的權力結構中自己是占上風的。

除非提分手的人從來沒有對這段關係真正動過情、用過心，很清楚自己是在利用對方對自己的情感，不然都會因為對方被分手卻沒很難過而大受動搖。他們對於「權力結構」的判斷錯誤，所以我們可以知道他們沒那麼痛苦的原因是「擁有權力」的感覺。他們會覺得自己如果想回來，對方就會接受我回來，我跳進去又跳出來，看你能怎樣。因此被分手的人痛苦會如此的顯著，是因為認為自己「沒有選擇」。

提分手的人——這個決定是對的嗎

提分手的人，面臨的是當壞人的壓力，以及如果對這個選擇感到後悔，是不是再也沒有重來的餘地，因為自己表面上是傷害對方、放棄這段關係的人。提分手的人都會在對方越變越好的過程中，懷疑自己是不是做錯了決定，他們也會很迷惘，深怕自己犯下無法彌補的大錯。

因此提分手的人會有的狀況，會是「不知道這個決定是不是『對的』，很怕自己到時候後悔時，對方已經真的走了」。所以，提分手的人會大大地受到被分手的人的狀態影響。

但為什麼通常想挽回的人卻很常覺得明明自己已經改變了，對方還是無動於衷呢？明明我那麼努力展示我的改變，對方還是不想回來？因為這是被分手的人自以為的改變，而不是足以改變關係權力結構的真實改變。真正的改變可以動搖關係的權力結構，使提分手的人動搖。

在提分手的人還沒有確定這個決定是否「百分之百正確」之前，都是依靠被分手的人的狀態來確認這個決定是否正確。如果被分手的人越來越沒安全感，給提分手的人越來越多壓力，那提分手的人就會越來越確定這個決定是對的。如果被分手的人越來越有安全感，給提分手的人越來越多愉悅，那提分手的人就會開始越來越覺得當初不該提分手。

如果你是正在考慮、困擾要不要分手的人，當提了分手之後你很可能會面臨上述的狀況。要如何解套？我個人認為**不要把分手視為兩個人關係的完結篇，去客觀的想想分手這件事是否會幫助到彼此？**如果你內心知道讓彼此「一個人」一段時間對關係是有幫助的，那就去做吧。如果你害怕到時候對方真的離開你會後悔，會「怕」自己遇不到更好的對象，那問題其實是你其實不清楚自己要的是什麼樣的關係，而且也不認為自己有資格去要。

如果你現在會考慮是否要分手，就是因為這段關係已經不能給你想要的，你能做的是去試圖用至少三種不同的方式嘗試跟對方溝通（大家可以去參考溝通的書籍來找不同方法，本書重點不在溝通。有機會我會寫一本書來談論這個主題，因為這主題很大，要講的話會過於離題），如果真的不行，那就是該離開的時候了。因為對方是一個無法溝通的對象，如果對方沒有經歷一些足夠的痛苦跟挫折，就很難學習到溝通基本的「尊重」。

很多人以為長久關係的關鍵是「溝通」，但我並不認為如此。因為「創造溝通的意願」和「尊重了解彼此的差異」比溝通的方法還要重要太多太多了。溝通的方法再多，缺乏尊重彼此不同、不要試圖同化對方的基本理解，溝通再怎麼樣都不會成立。

很多人都以為自己在溝通，但事實上他們執行的並不是溝通，而是名為溝通的同化、責任歸屬與指責、用方法來強加自己的價值觀到對方身上，想要透過「溝通」來讓對方聽自己的。

若是兩個人都想分手的，也都覺得分手是個正確選擇的狀況，那通常不會有什麼太大的問題，也不太需要來看這本書。

Chapter

4

關於那些政治不正確的議題

“

如果告訴對方自己的感受，有可能會失去對方，或是面臨一連串解決不完的負面情緒，那其實最簡單的選擇（簡單不等於聰明），就是讓自己找一個非伴侶以外的出口，反正不被發現就沒事了。通常當一個人想要選擇不忠，一定是這段關係開始讓他感覺到壓力、無趣或是沒有刺激感或成就感的時候。但是關係裡缺乏刺激時，通常是已經交往一段時間，而且對方不是長期忽略自己（通常女人不忠會是這個原因），就是太過於依賴、對方自顧自的付出太多，而造成壓力太大的狀況（通常男人不忠會是這個原因）。

”

背叛與不忠的人也很受傷？

這個議題在現代社會中可以說算是一個很常見的問題了，但會去觸碰這個敏感議題的人並不多，因為這會挑戰現代社會特別喜歡政治正確以及對於道德的框架感，使得這個議題明明是大家都很想要去了解的，卻不太有人敢去談它。

當我們不去談它，對這議題有大量負面情緒的人，就會更用力地使用自己的話語權，使得大部分能被聽見的聲音都是一面倒的。大部分的人看待背叛與不忠的行為幾乎是沒有彈性的。會直接將「壞人」的框架套在越過道德界線的那個人身上，但當我們一旦選擇了某個好壞對錯的立場，就不會有空間去了解這件事為什麼會發生，以及會去做這件事的人的心境是如何。

為了不受傷而傷害別人

前一陣子有一部很紅的動漫叫做《鬼滅之刃》。劇情設定是，鬼是由人變成的，他們變成鬼之後會開始吃人，不僅變得沒有壽命的限制，身體能力都往上提升好幾倍，並且恢復速度極快難以殺死，基本上是可以用力量碾壓一般人類的存在。

作惡多端的鬼，他們表現的性格其實都像是孩子一般。「無邪的孩子用天真無害的表情若無其事地殺死生命，是最可怕的。」我不知道看過幾部動漫都如是說。就像是在關係裡面，如同黑洞不斷索取的人，都像是未成熟的孩子、永遠不滿足的巨嬰一般，不爽就要鬧要破壞。

我最喜歡鬼滅之刃的部分，就是那些鬼成為鬼之前的故事。他們都曾經非常脆弱，而在脆弱的時刻被他人所傷害，在極度無助的時刻，讓自己做了無法回頭的選擇，就是變成鬼。

我們可以從主角炭治郎身上，看到如菩薩一般慈悲的心，面對面孔猙獰的鬼，仍然想對他們溫柔。許多鬼在被炭治郎殺死前的那一刻，都會想起自己還未成為鬼之前的回憶，想起他們所愛的人，並且被炭治郎的溫柔拯救，安詳地離開世界。我想像炭治郎這樣擁有如此胸襟、內心如此強大，堅信選擇善的道路的人真的非常稀少。**現在很多人說善良是一種選擇，但它並不是一種很簡單的選擇。**

大部分的人在受傷之後會選擇保護自己，有時候為了保護自己不要受傷，會選擇極端的方式來傷害別人。鬼舞辻無慘身為鬼的始祖與終極反派，身體能力強到不像話，但卻是最膽小、最貪生怕死的存在。這就像是在講世間之惡，每一個成為嗜血、「會吃人」的惡人之前，其實都曾經祈求過自己可以被理解、包容、幫助。

也許是因為內心的弱小才選擇成為鬼來害別人，但卻也沒有人有義務（或能力）成為像炭治郎那樣的人，就像是重力會使人墜落，能往反方向前進的人不在多數。但在每個人的心中，都渴求著像炭治郎那樣內在強大的存在給予自己愛的力量。

像是前陣子蔚為話題的影集《我們與惡的距離》，似乎就在呼應著這樣的隱喻。如果我們成為惡的對立，把自己跟惡切割，惡的勢力反而會越來越高漲。只有當我們去接觸惡，了解惡與善是不可分割的一體兩面，才有機會真正的解決問題。但畢竟那也需要像是炭治郎那樣胸襟的人才有辦法做到的程度，大部分的人，還是會因為自身投射出的內在軟弱的恐懼而選擇切割、選擇仇視。

成為鬼的原因，源自於沉溺自身軟弱帶給自己的好處，也源自於認為「他人要對自己的期望負責」這樣的認知，所以才有被世間、社會、他人背叛的那種黑暗心情。只能說要能有在這樣的環境下仍然保持著對他人的慈愛，是一件極其不容易而且不理所當然的事情。

同樣的道理，當某些人選擇去做出一個會讓自己墮落的事，肯定也有他們自己的理由、感受跟動機。而且大部分的時候，不忠這個行為，目的並不是為了要傷害自己所愛的人，而是想要透過這個行為，來滿足自己不知道該如何去解決的需求。我會說不忠跟背叛是一種懦弱的行為，但不能用「錯」來去直接判定它。

如果你的對象，並不會因為傷害到所愛的人感到自責，或看到別人因為自己難過而難過，沒有正常人類該有的羞恥心，那我覺得已經是重症範圍，不是本書要處理的。至少在我接觸到的、有去實踐過不忠這件事的人裡面，沒有任何一個人喜歡自己做出這樣的選擇。也沒有任何一個人真正嚮往非一對一的關係。

如果內心真正嚮往非一對一關係的人，通常不會認為自己的行為有什麼問題，所以在關係內也不會欺騙他人，就會一開始就講好自己不是要找一對一的關係。通常這樣的狀況也不會出什麼問題，因為大家一開始就把遊戲規則講很明白了。如果某個狀態可以帶來真正的快樂時，我們就會感到滿足，也不會想要更多。

因此要是有個人處在非一對一的關係中，卻過得很不快樂，內心有很多不滿足，想要更多的刺激去填補的話，可以說這樣的人只是「以為」自己適合非一對一的關係。

我們這邊不討論認為自己嚮往非一對一關係的人（不論是否牽扯欺騙），我們討論的是那些，心中對於愛情的理想是一對一關係，但卻去選擇了某些會讓另外一半難過的行為，也對自己傷害到所愛的人感到痛苦的這一群人。也就是說，**這樣的人如果可以的話，也不會選擇不忠，但他們不知道在關係裡面臨壓力或是不滿足時，要怎麼處理。**

如果告訴對方自己的感受，有可能會失去對方，或是面臨一連串解決不完的負面情緒，那其實最簡單的選擇（簡單不等於聰明），就是讓自己找一個非伴侶以外的出口，反正不被發現就沒事了。

通常當一個人想要選擇不忠，一定是這段關係開始讓他感覺到壓力、無趣或是沒有刺激感或成就感的時候。但是關係裡缺乏刺激時，通常是已經交往一段時間，而且對方不是長期忽略自己（通常女人不忠會是這個原因），就是太過於依賴、對方自顧自的付出太多，而造成壓力太大的狀況（通常男人不忠會是這個原因）。

大部分我們聽到不忠的案例較多都是男方，因為在男女關係內，當關係出現壓力時，通常是陰性能量害怕分離，害怕分離的軟弱導致錯誤的付出太多，讓陽性能量產生害怕被吞噬的恐懼，感到喘不過氣或有壓力。我們這個世代對於「愛」的理解還停留在與「付出」劃上等號的概念上，所以這時陽性的一方不管在哪個層面提出「不滿」，其實都非常政治不正確。

當付出的那方已經給得太多時就具有話語權，如果另一方真的提出不滿，就會變成不滿那方的錯。「我都付出那麼多、為你做牛做馬了為什麼你還覺得不夠？」、「為什麼我已經盡全力愛你了，你還是不滿足？」、「你能去外面找到比我更好的老婆／女朋友嗎？外面誰會幫你做成這樣！」、「你要什麼刺激！你要求怎麼那麼多！」

我們都只要求接收的那方要懂滿足，而不去問接收的那方想要什麼。就很像一個在沙漠中迷路三天已經快渴死的人，你丟一百萬給他，然後還問他「你為什麼不感謝我！為什麼不知足！我對你已經那麼好了！這世界上還有誰願意給你一百萬！」一樣。就像是母親，雖然對我們很好是很好，但不見得是我們想要的，而是母親自己想給的。而當一方所付出的東西並不是另外一方想要的，又想要透過這個付出交換到什麼時，就會產生很大的壓力，並且產生想要遠離的需求。

這與陽性能量與陰性能量解決問題的方式有關，陰性能量因為害怕分離，所以會想要透過各種方式來吞噬對方，讓對方失去自己的空間跟自由。而陽性能量則是害怕被吞噬，所以會想要透過各種方式來逃離對方或問題，但一方面又不想失去愛的人，最後就只能選比較笨的做法，就是說謊跟隱瞞。

受傷害的不只是被背叛的人

如果我們真正地拿掉好壞對錯，去看明明不想出軌、明明很愛對方卻出軌的關係，會發現關係裡受傷的絕對不只是被背叛的那個人，只是被背叛的那一方傷害另外一半的方式比較「政治正確」而已。大多關係裡選擇不忠的人，都是「有口難言」的那一方，例如吵架吵不過對方、自己的需求容易被污名化。我們會發現在出現問題的關係中，不是只有背叛的那方自私而已，被背叛的那方也很自私，只是不易被發現。

就像是水可以割鑽石，這一點也不是大部分的人能夠直接看出來的道理很像，有些真相是隱藏起來的，並不代表不存在。

再舉親子關係為例，「不孝順」的孩子，通常都是因為父母也用錯誤的方式在對待孩子，不論是太過於嚴厲或是溺愛，都不是使孩子能夠真正感覺到愛的方式。也因此會導致孩子無法愛父母，才造成不孝順或是孝順變成一種情感綁架。

但因為父母的辛苦跟付出很「政治正確」，所以我們就會直接檢討「不孝順」的那一方（因為政治不正確），而不去真正了解為什麼政治不正確的那方為何不想選擇孝順。他們肯定也有很多不滿，但這些不滿在政治正確的框架下，講出來都容易被罵、被污名化。會被認為是不知足或不懂感恩的壞蛋。

也就是說，關係會出問題，沒有人有錯，但雙方都必須負責。如果對方明明很愛你卻選擇說謊，有一半的原因是你沒有創造讓對方說實話的空間。也許是因為對方判斷他的實話是你無法接受或承受的事情，或有一個無法被改變的自我立場，或難以去同理對方的感受。如果我們直接將對方的行為舉止定義成惡人，那將會失去對話空間與理解對方心情的機會。

每個人都只是在透過一些行為來滿足自己的需求，很少人是帶著想要傷害別人的目的在行動，即使最終這件事情將會導致傷害跟痛苦。例如當我們說出非常傷人的話時，或是當我們變成全身都是刺的人，其實都是因為內心有很多的恐懼，在傷痕累累之下，根本無暇顧及別人和後果的時候才會有的狀況。

不論我們所討論的「最終會傷害他人」的行為是什麼，每個人在認為自己走投無路時所選擇的應對方式都不一樣。有些人可能會威脅要自殺，有些人是選擇出軌，有些人選擇讓自己與世隔絕，有些人選擇將精力投入宗教……每個人在面對自己的不安時，認為能夠解決的管道不同罷了。我們並不需要批判這些管道的好與壞，只需要知道，這只是對方在面對問題時，掙扎不已之下做出的不勇敢的選擇而已。

當然，這也是一種觀點的選擇，如果你對於不忠這件事就是「不論原因是什麼，只要發生就走人」這種很清楚的原則的話，我想你的人生也不會有什麼太大的困擾。或是如果當你「看清」對方時，發現對方其實從頭到尾沒有對你好過、沒有在乎過你，你大概也不會想要去了解對方選擇不忠的原因是什麼。

但大多數的狀況，是我們可能都跟對方有過很深、真摯的情感，甚至可能一起度過了許多苦難，只是不明白為什麼到最後會走到這個地方。如果你跟我一樣，不想要被「有可能會被對方背叛」這種恐懼控制，那是時候該不帶批判地去了解對方的心境了。

原諒是沒有必要的

我之所以跨越這個恐懼，是因為我看到了一段話打通了我：「原諒這件事根本就沒有必要。因為如果我要原諒一個人，我就得先在心中將對方『定罪』。但每個人其實都只是在做自己想做的事，他做自己想做的事為什麼我得將對方『定罪』然後再原諒他呢？不是自己在替自己製造沒有必要的麻煩嗎？」

當我進入一段關係，對方選擇不忠，那就是他的選擇，我也可以有自己的選擇。我可以選擇當一個永遠忠實的伴侶，這是我自己的選擇，不會因為我曾經被傷害而改變。**我們無法控制別人，也不需要控制別人，因為當對方做出了一個選擇，那就是他在告訴你他對這段關係的感受跟決定。**我們只需要尊重對方跟尊重自己，做出了解這個事實之後，我們想要做的選擇就好了。

這有點像是，我們去麥當勞，本來想要點大麥克，結果大麥克賣完了。那賣完就賣完了，我們可以怎麼辦？我可以走去另外一家買，或是就點別的。如果自己一直糾結在這家大麥克賣完了，竟然不在自己的預期的氣憤之中，那困擾到的不是只有我們自己嗎？當然這講講很容易，這也是我在跨越了這個恐懼之後才講得出來的內容。

但當你還沒跨越時，你會覺得「可是我就是想要跟他在一起，所以我不知道對方出軌了我該怎麼辦，好像做什麼決定都很痛苦」。但這問題其實是源自於我們將自己是否有價值這件事，跟是否想跟這個人在一起綁在一塊了。

如果拿回決定自己價值的權力，就不一定要跟誰談戀愛或是跟誰在一起才會感到滿足或是幸福，所以「找到自我價值」永遠時處理感情問題的第一要務。我最近發現，把決定我自己價值的權力百分之百完全拿回來之後，不管我面對什麼樣糟糕的狀況，我都有辦法做出一個讓我自己在這樣的狀況之中很爽的選擇，因為我並不需要某個特定的結果才能爽。

當決定我的價值的權力，在某個人的手中時，我就會因為想要得到某個特定的結果，而缺少了選擇的自由。例如當我發現對方做出讓我不爽的事，如果我一定要對方想跟我在一起，我就會缺少很多選擇，我就會覺得我不能罵他，也不能當場離開，也不能消失一個禮拜，因為這些可能都會影響到這個我想要的特定結果。但是當我不需要特定結果時，我就可以罵他、也可以當場離開、也可以消失一個禮拜、也可以當作沒事……我有超級多的選擇，我只需要選一個我最喜歡、讓我感覺最爽的就好了。

我們是否能讓自己爽，取決於我們決定了自己多少的價值。如果可以決定自己百分之百的價值，不把這個決定權分給任何人（不分給爸媽也不分給情人或朋友），就會變得非常快樂跟自由。這時候會發現自己不再內耗了，懂得去區別別人給自己的回饋，就像是攝取食物一樣，變得可以有意識的去選擇哪些我要吸收，哪些我不要。

我相信被傷害過的過來人都知道，當自己決定「不要也罷」時，會變得非常自由，人生爽度就瞬間提升。因為我們做了一個將「快樂決定權還給自己」的決定，不必由對方提供，所以多了好多好多可以讓自己爽的選擇。

而且通常這時候，如果對方還很在意你，整個狀況、關係的權力結構就會突然扭轉過來。但如果你並不是真的拿回快樂的權力，只是因為被狀況逼到必須放棄，權力結構一扭轉你又看見希望，又把對方抓來當成自我價值來源時，權力結構又會突然回復到原本的樣子喔。

原諒是沒有必要的，因為這代表我們心中有一個強烈的好壞對錯框架，只要我們在乎的人不符合這個框架，就會造成我們內在的痛苦。也就是說，被枷鎖鍊住的其實都是我們自己，我們要讓自己的內在自由，就是要讓自己跳脫出將對方定罪的框架，這是面對自己內心的部分。

還有另外一個部分是，面對對方的選擇，我要選擇跟一個有這樣歷史的人繼續努力經營這段關係？還是我要離開這段關係，去找一個沒有一起經歷這個歷史傷口的對象？

我認為把好壞對錯的框架拿掉，並不代表你就得繼續選擇跟這個人在一起。因為當你把好壞度錯框架拿掉時，你會更加清楚這個人的本質，以及這樣本質的人是不是你會想要繼續花生命跟他度過的對象。也許看清楚這個人的本質了之後，你就算內心已經不認為自己是受害者，也不一定需要繼續經營。這也是很多人會搞錯的事，我們會以為「不將對方定罪」就等於我就是要選擇跟這個人繼續在一起。反過來也會有誤會，覺得如果我選擇不跟對方在一起，一定是我不原諒他的狀況下才會有的選擇。

我們會需要把好壞對錯框架拿掉的目的，完完全全就只是讓自己的內心自由，不再被恐懼跟傷口綁架，跟任何人都是沒有關係的。不是為了原諒任何人，或是繼續跟誰在一起。而是為了讓自己活得更加自在，更少障礙。

渣男渣女值得被愛嗎

我個人認為，每一個人都是值得被愛的，不論是什麼樣的人。

但雖然值得被愛，越是渣的人，擁有愛他們的能力的人會越少。大部分的人沒有可以處理這樣的人的愛的能量，如果我們把愛的能力數值化，渣男渣女的能力值會是至少會低於-50，所以愛人的人能力至少要超過+70的人才有辦法愛他們。這邊我假設要多於20的原因是，因為渣的人是負的，所以會把愛的能量全部吸走，自己至少要保留20才會在這段關係是快樂的。至少我人生中遇到的人裡面，我觀察愛人能力超過+50的大概只有一成左右。其餘的人愛人的能力不是負的就是少量正面，幾乎是如果一遇到負能量比較強的人就會被榨乾。

就如同上一個章節討論有關不忠的問題，大部分的人除了沒辦法理解「不去將對方定罪」的心理狀態是如何，可能甚至也不想要理解。因為對於大多的人來說，無法感受到把這種大部分的人都認同的好壞對錯框架拿掉有什麼好處。也就是說，要能夠處理渣男渣女的人，是有能力去把這種大家的好壞對錯框架拿掉，能夠真正遵從自己的選擇，選擇跨越恐懼與得失，知道去愛是自己想要做的事並非一種投資，這樣的人才有辦法做到。

所以我不會說渣男渣女就是不值得被愛的人，因為當我們這樣去界定的時候，我們選擇的觀點是「只有『好的特質』值得被愛」，因為我們將渣男渣女視為「不好特質」的集合體。

換句話說，如果我們選擇這個觀點，就是在暗示自己只有在『夠好』的時候才值得被愛，但愛的本質並非如此。我媽對我說過一句話讓我印象深刻，是一句讓我覺得我真的被媽媽愛著的話：「就算你殺了人，媽媽還是會愛你。」通常我們會感覺到「被愛」的瞬間，都不是因為我表現得好，而是因為我們在表現不好的時候，還有人能夠接納這一切（接納不等於縱容或溺愛）。

如果我們選擇了只有好的特質才值得被愛的觀點，就會永遠質疑自己是否值得被愛，因為我們永遠無法只有好的特質。同理，我們看待他人也會覺得只有「好」的人才值得自己的愛，導致一直用去計算、計較的方式對待關係，或是讓對方覺得自己必須要維持是「好」的才能被愛而感到喘不過氣，在你面前無法真正地自在。

所以要選擇如何看待渣男渣女？並不是這樣的人該去死，或是這樣的人不值得被愛，而是這樣的人都是受傷特別重的人。我們也可以從很多不同影視作品裡面看到那種「很機車」的老人，他們的機車跟難搞，都是源自於對於愛的缺乏。同樣的道理，難搞或是容易去選擇會傷害別人的選擇的人，都是受傷特別重的人。這樣的人會像是黑洞一樣吸取別人的正面能量，用扭曲的方式去跟別人討愛，甚至會有自我破壞的行為。而能夠去應對這樣的人也只有經過特別修煉，真正願意去看清楚現實的真相的人。

也就是說，面對渣男渣女，我們只需要評估自己有沒有那樣愛人的能力。如果我們誠實面對自己，發現做每件事情大多都希望交換到一個有利於自己的狀況或結果，那可以當機立斷地知道自己是沒有能力「馴服」渣男渣女的。

我想要傳達的並不是鼓勵大家去跟渣男渣女在一起，而是當我們選擇「渣男渣女不值得被愛」的觀點時，就是變相的在強烈暗示自己也不值得被愛，因為我們永遠也沒有夠好的一天。就算真的夠好了，你也會發現夠好的你也有可能不被愛，那最後還是會大崩潰，不知道該怎麼應對這樣「殘酷」的世界。

我會特別寫這個小節的原因，是因為我最近常常在 IG 上面看愛情語錄，雖然表現上內容都是一些好像會讓人暫時感到有力量的內容。例如「真的愛你的人會——」、「你的真愛會這樣對你——」、「遇到這樣的人快逃」、「他不值得……」，這些語錄都是在暗示「夠好」的人才值得被愛，事實上沒有辦法給任何人力量。但這樣的語錄又特別容易讓人進入一個自我欺騙的高潮之中，所以也會特別多人分享。特別多人分享的東西，不代表就真的對我們有幫助。

我希望大家都能去懂得分辨到底什麼樣的觀點，是在對自己下什麼樣的暗示，因為其實**真正影響自己人際關係結果的是這些你不知不覺吃下去的暗示**，這類語錄的共通出發點，都是在「要求／批判別人」。

我們在要求別人時，意思就是我們正處於一個「無法給予」並且把決定權交給別人的狀態，才會想去要求別人符合自己的標準。但真正有辦法被愛的人，他們都知道真正重要的事情是自己的內在，不會掉到要求別人來符合自己標準的框架裡。如果我們遇到擁有不好特質的人就要快逃，那是否表示我們在暗示自己，只要我們表現出類似不好的特質，別人也應該落荒而逃呢？有哪個人能夠保證自己永遠不會有負面情緒，不會傷害他人？不會有想要自私的時候？

給第三者的三個觀點

在這裡我們不評斷任何人選擇的對錯，但我發現很多當小三的人很痛苦，因為無法好好看清楚身為一個第三者（我不會說第三者是介入別人感情的人，因為沒什麼好介不介入的，關係是獨立且互相不直接影響的）該看清楚的前提。

因為關於這段關係的真相可能令人難以接受，所以只好騙自己。身為第三者，內在情感的羅盤很容易壞掉，因為在這段關係中，我們會不自覺去做比較，並且長時間無法提出、滿足自己最真實的需求，漸漸地就會失去自我價值，而接受這些自己不願意接受的狀況好、騙自己的情形，似乎也變成常態。

這些前提我希望各位第三者們可以看進去，當然這沒辦法減低你們的痛苦，可能甚至還會更加痛苦，但是如果想要去做一個對自己來說正確的選擇，不論是去還是留，知道這些前提對你們都有一些幫助。

首先第一個是思考你們關係開始的前提，你的對象就處在一個軟弱的自我狀態之中。因為比起去好好處理關係中的問題，不論是面對、解決還是決議結束，他都選擇了一個現在可以利用的方式逃避。大部分的三角關係都包含了隱瞞跟欺騙，很少有三角關係是正宮完全知道對方還有另外一段關係的狀態裡。

所以首先第一個正確認知是，**你不應該認為對方跟你說的話百分之百都是實話，尤其是當他說關於另外一段關係的事情**。

我不會說這個對象就是永遠都在說謊，但是當他需要維持一個三角關係的時候，肯定是得對兩邊都說謊的，除非你完全不想要成為正宮，正宮也超級想要分手（那三角關係也很難成立）。因為我們以利益關係來看，如果對方知道你想扶正，他絕對不會告訴你他多愛自己的原本的另一半，或是多不想離開。他肯定會告訴你有利於「把你留下來」的部分，也許讓你覺得你有機會扶正，也許讓你覺得繼續投資是會有回收的。

我並不是說這些人完全都不想要跟原本的配偶分離，但是他們內心肯定是在打架的，**雖然有很多想分手的理由，但同時也會有很多不想分手的理由**，不然痛苦遠大於益處，是不可能持續留在關係裡的。不要說什麼他有很多苦衷，就像我們有時候會做出完全不理性或是對自己有傷害的行為（例如你當小三這件事），並不是因為這件事只有帶給你痛苦，而是也有益處，你才會留下來。例如他可能給你非常溫暖的感覺，或是你在他對元配的方式上面看到了自己希望被對待的方式等等。

第二，是你**進入這段關係的前提就是你已經接受了對方可以同時有不同對象的狀態**。

為什麼小三很難扶正的原因就在這裡，並不是這個對象一定必須劈腿才可以過他的人生，而是你在接受這個狀況的時候就在傳達一個訊息，就是只要能繼續跟對方在一起，即使很痛苦你也會忍受這樣的情形。

不論你是事前就知道還是後來才輾轉得知對方有其他人。這個人也許有可能遇到一個超級喜歡，但不接受這種情形存在的對象，他可能就會願意為了這個對象的條件勉為其難地去處理原本關係的問題，或是換一個願意接受這個情形的對象（所謂不接受，並不是指完全不往來，而是如果對方不把自己弄成單身狀態，也不會跟他進入任何有實質戀人行為的關係。即使喜歡他也一樣）。

如果他選擇了後者，換一個願意接受這個情形的對象，十之八九是他應該不會為了第三者跟元配分開，因為那就代表他的目的就是要找到一個能夠接受這種狀況，可以滿足他在原本的關係裡無法滿足的需求而已。他不忠的原因，並不是想要離開原本的關係，並且展開新的關係。但他一定會讓你覺得他可能想離開，你也可能誤以為一個人如果想劈腿一定是他想離開原本的關係，但事實上並不一定。

第三，就是前面提到的**一個人如果劈腿並不代表他想離開原本的關係**。例如他的情感需求可能有ABCDE五個大項，他的元配可能符合了最重要的ABC三個項目，而最後DE沒有被滿足到（也許曾經有被滿足後來沒了），所以在你身上找到DE兩個項目來補足自己的需求，但他認為一個合適長期發展的對象可能至少需要有四種以上的需求滿足，而你可能只有符合沒那麼重要的兩項。

於是你就成為了完美的出軌對象，也許跟你在一起很刺激、床事超完美，但可能即使他最後真的逼不得已離開了原本的關係，也不會把你扶正，因為在你身上找不到符合一個長期交往對象該有的特質（例如不因為有感覺就折損自己的原則跟價值可能就是其中一個）。

而且通常人如果要出軌，因為在原本的關係受到的創傷，會找與原本的對象完全相反的人，完全相反並不代表你一定有優勢，因為他們如果已經在一起很久，表示多多少少他們曾經相愛過。而他原本會被吸引的對象是跟你完全相反的類型，那意思是**他被你吸引完全是因為原本對象的影響，並不是你本身的特質有多吸引他**。他只是透過你在療原本關係裡受到的傷而已，但真正吸引他的是他原本關係裡的正面特質。

我們通常一開始受到對方什麼東西吸引，那叫做特質的正面表現，真正交往後我們討厭的東西也會是相同的特質，只是是那個特質的負面表現跟解讀而已。例如：對方是暖男所以喜歡他，但交往後覺得濫情；對方很大方所以喜歡他，但交往後覺得隨便；覺得對方很謹慎所以喜歡他，但交往後覺得很沒彈性等等。

有沒有可能他真的很想把你扶正，但是基於某些真的身不由己的原因所以他沒辦法把你扶正？人生是個萬花筒，當然有可能，只是機率偏低（例如原本的對象會鬧自殺、害怕自己爭取不到孩子的監護權，或是分手的話爸媽要把自己的財產全沒收之類的）。

而且如果真的是這樣，他會盡全力讓你有安全感，不是只是嘴上說說，他會盡全力讓你不要有不安的感覺。即使不告訴原本的伴侶你的存在，至少也會讓自己的拜把兄弟（不會用道德束縛他的朋友）知道你才是他的最愛等等。你也許根本不需要花精力去懷疑他是不是只想要玩你一把，你的內在對於情感的羅盤指針也不太會壞。

能夠看清楚這三點，才能為自己做出一個正確的選擇，才能真正為自己的選擇負責，不是只是為了規避分開的痛苦而不斷騙自己。

我寫這篇並非鼓勵去還是留，而是要搞清楚現實的狀態，你才有辦法真正去得到自己想要的幸福跟感情。有人說離婚不應該是一件令人感到難過的事情，因為選擇離婚的人都是因為在原本的情感裡面感到不幸福、不開心的人，選擇分開也許是他們這生之中做的對自己最好的選擇。

我想不需要幫任何人扣帽子，因為我們都是人，都有七情六欲、我們都不完美，也都很軟弱。但我們也都能選擇勇敢，去做自己不會後悔的一個選擇。但如果我們對自己面臨的狀況有錯誤期待，那當然痛苦、受傷的只會是我們自己而已。

Chapter

5

關於下一次戀愛

“

在關係裡其實很常都會因為雙方彼此都堅持自己是對的而產生無法解決的衝突，很多情侶相處的問題其實就只是「沒有能力尊重對方的個體性」而已，但他們很容易以為重點在於「價值觀不合」，但其實本來就不會有人跟我們價值觀是百分之百一樣的。

所以價值觀不合本來就是一件正常的事，怎麼會是問題呢？問題其實出在彼此想要同化對方、想要自己是對的、想要控制對方、想要對方聽我的這些問題上面。

”

在愛之前，學會尊重

我想很多人經歷失戀的痛苦時，如果彼此都有投入真心去愛對方，都會很困惑，甚至是用怨恨的語氣問：「為什麼我已經盡自己全力去愛了，卻無法使對方快樂？無法得到幸福的關係？」這也曾經是我哭著問對方的一句話，為什麼我都做成這樣了，你還不滿意？

後來我才發現，我雖然認為自己一直在「付出」，我以為「付出」就是愛，但事實上愛並不是指付出，也不是任何特定的形式、動作。**一個人給出的東西是否是愛，**

是接收的人才能夠斷定的。我只是一直在給我認為是愛的東西，但事實上我並不知道我正在情緒勒索、我正在交換、我正在用各種方式讓對方覺得自己不被尊重。我的「做成這樣」只是讓對方更加地覺得壓力越來越大，想離我更遠。

說來慚愧，我是到今年初才慢慢了解什麼叫「尊重」。我之前沒發現當我認為自己比較對、比較懂、比較了解事情、比較沒錯，當我想要「教」對方怎麼做時，都是一種不認同與不尊重。因為**當我有一個好壞對錯的立場，並且想要強加自己的「好」、「對」在對方身上，就是在否定對方身為一個人有屬於自己的好壞對錯立場的權利**。

也許對方的好壞對錯你不認同，但是當我們想要把自己的想法加諸在別人身上，那就是一種不尊重。如同前面講到的，每個人做出來的每件事都有他的理由，不論他的理由服不符合道德、是否政治正確，那都是屬於他的理由。而會傷害別人的選擇，都是在當事人認為自己的聲音無法被聽見、理解的狀況下才去做的。

我當然不是支持那些做出傷害另外一半事情的人，然而，要了解表面看起來像是加害者的人，他們也有屬於自己的傷痛；表面看起來像是受害者的人，也有屬於加害者的立場與作為，只是它很難被拿出來討論而已。因為「受害」與「加害」這兩個相對的概念，在公開的平台上，大眾的理解還是缺乏彈性。

我們急於將犯錯的人定罪，卻逃避去了解犯錯的人之所以犯錯，也許並不是像我們所認為的，他就是一個十惡不赦的大壞蛋。無論是否被大部分的人認同，他們的聲音也想要被聽見。至少在我接觸過的人裡面，我沒有認識任何一個人是想要蓄意傷害自己所愛的人的。

這個被認為是「壞蛋」的人，也時常在遇見某一個可以激發他去實現自己的對象時，突然變成一個很棒的人。那這又是怎麼一回事？「他愛我，他卻傷害我」這樣的概念實在太難以消化跟理解，所以我們就更傾向直接非黑即白的方式來面對問題。例如網路上我們會看到很多愛情語錄是這樣的：「一個夠愛你的人，永遠不會傷害你。」但真的是如此嗎？

我們在生活中，是否會遇到一些人容易激發出我們有趣的那面？有些人容易激發出我們易怒的那面？有些人容易激發出我們溫柔的那面？面對討厭的人我們也會顯示出討人厭的樣子。沒有一個人是完美的，也沒有人一生下來就懂得怎麼去愛別人，就算我們真的感覺到很重視、在乎某個人，也不代表我們有能力使對方開心。從很多父母對孩子的態度就印證了這件事，並不是父母不愛我們，而是他們不具備愛人的「能力」。

而這個能力，包含：

1. 尊重自己
2. 尊重他人的個體性
3. 察覺自己的需求的能力
4. 察覺他人需求的能力
5. 準確傳達訊息的能力

尊重自己與他人的個體性

大部分的人大概會在第一項就敗陣下來，然而第一項尊重、信任自己，就是一個培養其他項目時必須具備的基本素養。

那什麼叫做尊重、信任自己？光是「自己」是什麼東西我們可能都不太清楚了，所以當我們看到網路文章說什麼要愛自己這種話，大家也就都是有聽沒有懂，到底我們要尊重、信任、愛的標的物到底是什麼？

直到最近我才發現所謂的「自己」，就是**當下產生的最真實的內心感受，那就是自己**。因為自己會隨著人生的體驗不同一直在變，我們不必煩惱過去或是未來，只需要專注於當下的自己。但感受可能會很複雜，**我們會對感受產生感受**。例如當我上台演講時很緊張，那是一種感受，然後我又會對自己緊張這件事感到丟臉，這就是感受的感受。

感受的感受產生的原因，就是來自於某種好壞對錯的立場，可能是覺得上台不會緊張的人比較「好」，或就是單純把「緊張」視為一種阻礙的價值觀點。而我們有可能因為把緊張視為一種不好的情緒，而去壓抑它，把它轉換成另外一種形式。可能是憤怒、悲傷或是假裝鎮定、誇大自己等等，有各種的可能性。

當我們把自己的「價值判斷」當成真理時，就很難去尊重跟信任自己。因為只要我們出現被自己的價值判斷為「不該出現」的感受出現時，我們就會批判自己，試圖去把這個不該出現的感受壓下去（內耗就開始了）。但這感受並不會因為我們試圖壓抑它而消失，它會不斷累積，直到臨界點時突然一夕之間爆發，連我們自己都會被自己的所做所為嚇到。

因此，所謂的尊重、信任自己，就是**不去為自己內心產生的感受做任何的價值判斷，並且試著去了解這個感受出現的原因**，這個感受是否有自己的聲音想要被聽見？我們的內在總是有許多聲音在打架，這些打架的聲音都隸屬於某種感受之下，想要被理解、看見。但是剛開始練習的時候，會發現自己的感受很複雜，因為有感受的感受，也許還會有感受的感受的感受也說不定。而每一層的感受，都是某種價值判斷產生的。

價值判斷本身也沒有好壞對錯，因為如果想要讓自己活得更自由，是要讓自己有「選擇」，而價值判斷這件事也是一種選擇。只是當我們沒去理解它的內容時，就只能依據幼年時期從大人身上吸收的價值判斷過生活，但這些價值判斷可能會對選擇快樂有所阻礙，因此我們要搞懂自己到底為什麼痛苦。

例如當心中出現「不想要給予」的感受時，我們可能會因為過去吸收的價值判斷，認為「不想要給予＝小氣＝不好的特質＝大方才是好的」，所以我們會忽略這個不想要給予的感受，逼迫自己成為大方的人，然後我們內在就會因為沒有得到滿足而越來越匱乏。

但是出現不想要給予的感受，並不等於自己就是一個小氣的人。當我們把「愛」跟「金錢」、「物質」作連結時，我們在「自認」缺乏愛的狀態之下，才會有「想要小氣」的感受產生。但當我們不將金錢、物質與愛做那麼強烈的連結時，或是自己可以感受到滿滿的愛時，就有能力大方，並且是心甘情願的。只有先餵飽自己，才能看著別人因為自己給的東西而飽足感到真正的快樂，但當我們一直去壓抑不想給予的心情，逼自己成為大方的人，那麼一輩子都不可能真正成為大方的人。

要做到尊重、信任自己的第一步，就是好好感覺自己的所有感受，對這些感受、感受的感受、感受的感受的感受，**都不要下任何的價值判斷**。去好好了解這些不同的感受想要被聽見的是什麼樣的聲音，想要被滿足怎麼樣的需求。

我們很常因為內心出現「自私」的感受而批判自己，但是「自私」就只是自己還沒被滿足的狀態之下才會產生的狀態而已。當我們能夠自私，才能把這個「私」的範疇擴展到自己以外的人事物，而這時候我們所做的事情在別人眼裡看起來像是「大方」，但事實上只是範疇比較大的自私而已。因為如果我們想要心甘情願地去給別人東西，那必須同時滿足到我們自己才有辦法成立。

而我們會想要去干涉別人，看到別人的某些行為想要矯正，或是認為自己比較正確、比較對的情況，都是因為我們不夠尊重自己的結果。因為自己總是壓抑某個層面的自己，例如不讓自己自私的人，就會特別討厭自私的人，因為他並不接受這部分的自己，但要面對實在是太痛苦，只好投射到外在的人事物上。像是我以前討厭小孩，就是因為我不讓自己像個小孩一樣自由地表達自己與欲求，所以我才會討厭小孩子。

但同樣的道理，當我們特別嚮往、喜歡某個特質時，也是因為我們本身就具有但卻不接納的部分。這個部分會比較難以理解的地方是，明明是自己喜歡、想要的特質，有什麼好不接納的？我們又要回到第二章所說的關於真相的內容：**一件事情有多好就有多壞。要接納自己擁有好的特質，同時也必須去承擔這個好的特質帶來的責任與壓力。**

例如我以前特別喜歡一個朋友，她過得非常地自由自在，想表達什麼情緒就表達。因為我過去是很壓抑的人，開心時不太敢表現很開心，難過時也不太敢表現難過，生氣也不太敢表現生氣，基本上不管是怎麼樣的情緒，我都會去壓抑。

不知道為什麼我就是覺得表現情緒這件事很丟臉，也很害怕如果我展現真實的情緒，別人會有什麼反應。所以大部分跟我相處的人都會覺得我很ㄍㄧㄥ。而ㄍㄧㄥ

這個評價很有趣，就是你身邊的人都知道你在壓抑，所以才會有ㄍㄧㄥ的這個形容詞，但全世界也許只有自己不知道自己藏得很差。

雖然我現在也能做到自由地表達情緒了，但是對於當時還很嚮往這個特質的我來說，這件事很困難的理由在於我還不願意跨越自己的恐懼。與其要去跨越這個恐懼，去面對許多未知，我還不如維持現狀。

我們內在的感受跟情緒都是映照了自己，而不是映照別人，因為同樣的事情每個人的感受都不一樣，如果我們的感受真的是映照了他人，那理論上應該要所有人對某件事的感受要一模一樣才對。

而當我們能夠讓自己隨心所欲，做出自己想要做的選擇時，就不會有想要別人來認同自己「對」或「好」的需求，也就能尊重他人擁有選擇做任何事的權利。我們會看別人不順眼，受不了別人的人生選擇，都是因為我們沒有給予自己自由而產生的結果。跟別人相處時，如果我們尊重自己的感受，就會把自己的感受告訴對方，讓對方可以了解狀況，並且擁有遠離或是改變跟自己相處方法的決定。

這就能同時尊重到自己與對方，很多時候我們為了想要控制別人來滿足我們自己，會想要說服對方而開始講道理或是情緒勒索，因為我們不想要給對方選擇，就用各種方法去讓對方選我們想要他選的路，而這都是屬於不尊重的範疇。

例如當對方跟你約出來常常遲到，你有兩種很不高興的表達方式：

❶「我知道你都不是故意遲到的，但我很不喜歡這樣等人耶，我感覺到我的時間不被重視。你覺得我們要怎麼解決這個問題？」

❷「你每次都遲到，真的很不尊重人耶！你這樣對嗎？你再這樣一次我就我再也不跟你約了！」

這兩種表達方式，對於接收的人感覺是很不一樣的。第一種表達方式就只是把焦點放在自己的感受上面，並沒有去指責對方做錯，也去理解了對方可能對時間管理上與自己的做法不同，並不是故意要不尊重自己，只是自己還是感覺到了不尊重，這點是要好好傳達的。只是表達自己的喜好，並非去用對錯來衡量對方。

但第二種很明顯就是一種指責與勒索，把自己認為「遲到不對」的價值觀強加在對方身上，並且試圖把加害者的角色加到對方身上，並且利用自己與對方的關係來進行「你必須做我喜歡的行為」的勒索。

如果是第一種表達方式，解決方式可能會是對方讓自己設定鬧鐘提早三十分鐘出門，或是不喜歡等人的那方晚三十分鐘出門，這兩個都是解決方式。但如果是第二種人，就會造成一個只有一種解決方式的氛圍，就是「你聽我的」、「我比較對」。

在關係裡其實常常都會因為雙方彼此都堅持自己是對的而產生無法解決的衝突，很多情侶相處的問題其實就只是「沒有能力尊重對方的個體性」而已，但他們很容易以為重點在於「價值觀不合」，但其實本來就不會有人跟我們價值觀是百分之百一樣的。

所以價值觀不合本來就是一件正常的事，怎麼會是問題呢？**問題其實出在彼此想要同化對方、想要自己是對的、想要控制對方、想要對方聽我的這些問題上面。**

我們時常認為「良好的溝通」在一段關係裡面是最重要的事，但事實上真的是如此嗎？自從開了長久關係的課之後，我發現我們的學員都想要學習良好的溝通，但久而久之會發現，問題根本不在溝通技巧上，而是**無法幫對方創造溝通的「意願」**。

很多人來學習溝通，並不是為了要理解對方的立場，而是想要透過有力工具使對方「聽我的話、照我的想法去做」，溝通的前提就出了問題。而溝通可以順利的情侶，其實可能不是彼此的溝通技巧有多好，而是他們對彼此有很高的溝通意願。

我認為感情好的情侶並不是因為他們特別會溝通技巧，而是他們不會讓自己的ego♥主導自己的行為、感受。他們能了解自己的受傷，也能了解對方也會受傷而有防備。感情不好的情侶源自於他們只在乎自己有沒有受傷，然後將對方放到加害者的位置上使對方動彈不得。他們溝通的目的在於找出讓對方認錯的方法，而不是讓對方覺得自己的立場被理解、覺得自己被愛。

但這個問題在當你還未學會尊重自己之前，是很難察覺到的。由於我們無法滿足自己，認為自己的需求與快樂是需要藉由控制對方的行為來達成時，光是要滿足自己的需求就已經耗盡精力，根本不會有其他餘裕。

也就是說，在我們學會不帶價值判斷尊重自己的感受之前，成功維持長久關係的這個目標是很難達成的，除非你的對象是一個會尊重自己並且足夠有引導能力的人，但這機率比較低，因為會尊重自己的人也會相對比較喜歡會尊重自己的人。

「你身為一個人，本來就擁有做任何事的權利，但是我不喜歡被這樣對待的感覺。」這就是當對方做出你不喜歡的事情時，你同時尊重自己也尊重對方的基本心態。

對方本來就有權利對你不耐煩，有權利跟別的對象聊天，有權利做任何他想做的事，但你也有不接受這些對待的選擇。有時候對方也許不知道自己做的事情會影響到你，也許他不耐煩的時候並沒有想到你會因此難過受傷，他也許只想發洩自己的不耐煩。如果你告訴他你會因為他不耐煩的態度而感到難過，他就被賦予一個意識到這個狀況的機會，並且賦予下一次是否要繼續這樣做的選擇。

♥ ego：自尊、小我（容易產生抗拒與有強烈的好壞對錯框架的自我）。

如果他下一次還是用你不喜歡的語氣對你，你可以告訴他：「我上次有跟你說我不喜歡你這樣對我說話，在你可以處理好你的情緒之前，我不要待在這裡。」你就離開現場，堅決的表達如果對方對你不耐煩你是不會忍受的，但如果對方語氣轉變，你就會願意跟他談話。

你離開現場，就是同時尊重自己不喜歡這樣的感受，並且賦予他選擇的權利。但是如果你是為了讓他追你才離開的，這就是一種情緒勒索，對方是感覺得到的。

關係裡的問題很多時候是因為我們沒有表達清楚，或不表達讓對方沒有意識到這個狀況的機會。或是因為我們想要控制狀況、對方、結果，所以用不尊重對方個體性的方式來表達自己，所以讓對方不滿，甚至進一步會有想要為了反對而反對的心理，這對維持關係是非常不利的。

大部分的關係結束，其實都不是因為愛得不夠，而是缺乏對彼此個體性的尊重。如果我們能學會尊重自己，以及另外一半的個體性，其實關係裡大半的問題都會迎刃而解。

察覺需求的能力

接下來是「察覺需求的能力」，這其實跟尊重自己的做法是差不多的，當我們尊重自己在狀況中產生的感受，並且不急於去做些什麼來排解這些感受，就只是單純地感受時，那就是一種察覺需求的方法。

要了解這些感受是想要被表達出來？還是想要一個人冷靜一下？還是你感覺到的是想要吃東西？我們時常為了排解內心讓我們不舒服的情緒，就一下進入自己過去養成的習慣模式中，例如我們以前的習慣是情緒勒索、試圖控制，就會用過去自己所習慣以為「這樣做就能解決情緒」的方式來反應，但我相信你總是會發現這樣其實並不會讓你的感受更好，只是飲鴆止渴而已。

當對方反應是我們想要的，我們就會覺得這個不舒服不見了，如果對方反應不是我們想要的，我們反而會更焦慮。很明顯地使用控制這種做法，自己快樂的權利就是交給對方了，那我們根本不可能真的快樂。因為就算對方反應是我們想要的，也會擔心未來他會不會突然就不給我們想要的東西了。

但情緒這個東西很有趣，我們想要排斥它時，它反而會各種淤積在我們的心中。但如果我們接納它，認真的感受它，讓它好好地來，它就會好好地走。也就是說，**當我們想要趕快做點什麼來讓自己好過一點，那就是一種排斥**，因為我們的目的是想要它趕快不見，而不是好好地體會這個不舒服的感受，歡迎它的到來，歡迎它來到我們的生命中並且從這個不舒服的情緒中去學習有關於自己的事。「趕快做點什麼讓它走」這就是一種逃避的形式，像是鴕鳥把頭埋在土裡一樣。

當我們能夠時時察覺自己的需求，並且滿足自己的需求，對於生活的不滿會越來越少出現，就算有不舒服，也可以很快速的解決。這就有點像是排毒，本來身體內有很多毒素，然後慢慢地排掉，藉由練習了解排毒的機制，就算日後吃到有毒的東西也不會像之前那樣累積。

漸漸地我們就能夠不把精力放在自己的內耗上面，而能把更多的能量跟專注力放在觀察、感受別人上面。每個人其實都具備這種能力，只是因為大部分的人平常都在需要內耗的狀態，所以大多數的人的感覺都很鈍，然後很會觀察他人的人就變成一種超自然能力的感覺，這也是為什麼佛家說人人都能開悟的道理就在這。

除了最原始的感受之外，每一層的感受都是後天他人（家庭）給我們的價值判斷體系，排毒排到最後，會慢慢發現感受越來越純粹，越來越不複雜。

只有第一層的感受（也可以說是直覺）才是屬於我們生活在這個世界上，屬於我們這個獨特的個體真正想要選擇的立場，會過得更自由快樂的立場，當我們慢慢地可以把感受的感受、感受的感受的感受給拿掉之後，感受越純粹，我們才會離幸福更加接近。

第一層的感受就很像我在面對失戀時，當我想要擷取某種價值觀，我的第一層感受會告訴我這對我來說合不合理、怪不怪。正是因為有那第一層感受的存在，我尊重那一層感受想要告訴我的，它想要面對這段珍貴的戀情時可以感到幸福而且充滿感恩與力量，不想要感覺到有任何的後悔、怨恨與無力感，我很慶幸還好有它指引我。

當然，在這個過程中，我也會對這個直覺有某種價值判斷過後的「感覺的感覺」，當這個想法出現時，我會批判自己的聲音，覺得自己太天真了、太理想化。也會有「感覺的感覺的感覺」，也覺得這個批判的聲音很無能，一般人做不到的事，憑什麼我就一定做不到？但感覺的感覺、感覺的感覺的感覺，都不是我會活得快樂、自由的聲音，而是我成長過程中被教育的，對於不同感受的價值判斷。只有第一層，才是我真正會讓我選擇之後感覺到滿足、幸福的立場選擇。

當我們能夠察覺到自己需求，並且習慣於滿足它時，就會時常處在內在豐足的狀態裡（無毒素），也能夠自然觀察到他人的需求，但這意思不是你就一定要滿足對方的需求，你察覺到需求，當然有權利選擇給與不給。你想給就給，不想給就不要給，本來就沒有所謂的好壞對錯之分，因為我們的時間有限，所以要聰明選擇自己的資源要分配到什麼地方上面，自己才能過得最爽。

很多人對於「過得爽」、「愛怎樣就怎樣」這件事情有很負面的解讀，但事實上大部分的人如果能夠賦予自己自由，他們能選擇的愛怎樣就怎樣，其實都不會侵犯到他人的權益，也不會選擇去做什麼很大的壞事。大部分會去做壞事的人，都是感覺自己被困住、被仇視、被排斥、不被愛的人，也都只是認為自己沒有選擇、沒有自由之下的選擇而已。

準確傳達訊息的能力

最後一個「準確傳達訊息的能力」，就是比較技術的部分，例如當我們想要傳達尊重的時候該用什麼樣的詞彙、語氣跟肢體語言等，當我想要表達快樂時應該用什麼樣的表情、情緒、肢體語言，當我想要表達不開心時，我該用什麼態度、行為來表達自己。

很多時候溝通會出問題的原因在於身體表達並沒有跟上我們真正想要傳達的意思，但是我們誤以為自己「有傳達到」。準確傳達訊息的能力，也建立在前面所說能夠準確察覺自己與他人的能力之上，因為每個人表達的方式不同，接收的方式、情緒的劑量當然也不一樣。

我以前不知道自己講話語氣是偏重的，我以為自己用很溫柔的語氣講話時，其實還是偏強勢，但如果我沒有聽到自己錄音的話，根本不會知道原來我以為我已經夠溫柔了，但其實實際上的效果根本不夠。這也是為什麼常常上鏡頭的人感覺會變得越來越帥、越來越美，因為他們能夠用第三人的角度看自己，並且不斷修正。

這跟對象是誰也有關，對一個比較拘謹的人來說，給他一個輕輕的擁抱也許就足夠表達開心；但是對於一個比較活潑的人來說，一個輕輕的擁抱可能還嫌不足。當然這還牽扯到對方怎麼看待我們，我們和不同人表達同樣情緒時，可能也需要用不同的模式，而能夠做到這點的人，大概就是那種人見人愛，可以活在體制之外的人，所有跟他接觸的人可能都會說「因為是他，所以可以」。

所謂的尊重，就是認同每個個體，都有去做任何想要做的事、說任何話的權利，不論這件事你喜不喜歡；所謂的尊重就是用非攻擊性的方式清楚明確地表達自己之後，若對方仍然故我，就選擇不再繼續承受。

談一輩子的戀愛：感情變淡與時間無關

——穩定交往的假象

最近我一直在想一件事，說「細水長流」才是真正感情的人，真的讓我很氣。因為分手之後我開始不用好壞對錯的立場來看待自己，我發現自己想要的感情，是能夠跟同一個人談一輩子戀愛，就連死掉之前都會想要觸摸彼此的感情。那種沒話講、不講情話、不互相觸摸的老夫老妻，我才不想要這樣的感情呢！

當然，想要細水長流的感情的話我沒什麼意見，但那些想要去洗腦別人說「這樣的感情才是真感情」的內容，才是讓我氣憤的原因。自己不敢面對激情的消逝與失落，就要洗腦別人一定要跟自己一樣跟大部分的人一樣妥協嗎？哪有這種事！那不是就像一個公務員說「穩定的薪水才是真正的保障」，宣傳大家都不要冒險，不要自己當老闆、也不要去追求熱情是一樣的意思嗎？真的想翻白眼到後腦勺。

為了能夠實現可以談一輩子戀愛的感情，這兩年我卯足了全力研究。

關係會不會變淡，與時間無關。**時間並不會讓感情變淡，因為時間長了而漸漸少了對對方的尊重與用心才會。**

我跟前男友交往到最後時，他說他對我的感覺變了，回不去了。當時我一直以為是對方變心了，我自己都始終如一，但我分手沉澱之後才發現，我也跟當初不一樣了。我的行為舉止變得漸漸不像對方的戀人，可以很籠統地說，我在這段關係裡面迷失了自我。

失戀的時候會如此痛苦，就顯示了我們已經過度依賴愛情提供給我們的生命能量，而這也很有可能是為什麼對方會想離開你的重大原因之一。換句話說，就是因為我們不知不覺將愛情當成我們人生快樂的主要來源，這個因素導致了失戀、感覺自己走不出來、感覺自己無法愛上其他人、感覺到失戀的痛苦、極度的想要挽回。

並不是分手使我們痛苦，而是我們不知不覺變成了「如果分手會很痛苦的人」，這個狀態使對方變得無法尊重跟繼續對你產生慾望，才導致分手。而分手本身只是讓你無法再繼續逃避「如果這個人不想跟我在一起的話我就沒價值」這個事實的一個導火線罷了。

沒有錯，我們以為是因為失戀才如此痛苦，但完全本末倒置，是因為我們已經變成了一個「如果失戀會非常痛苦」的人類，才促成了失戀這件事的發生。

當一段感情結束時，那種近乎被撕裂、覺得自己沒有未來、無法快樂起來、甚至覺得不會再愛上一個人的感覺，都是自己已經把自我的價值、快樂綁在是否跟這個人在一起的最佳證明，是一種在關係中失去自我的表徵。同時顯示你在這段關係中失去了讓自己快樂的能力。不論你有沒有意識到、願不願意承認，事實就是如此。

尤其在一段穩定關係裡更是如此，因為關係很穩定，我們就會開始變得「懶散」。因為以為眼前這個人不管怎麼樣都會愛我、支持我，因為很安全，我們就覺得好像沒有必要去面對一些課題、甚至停止讓自己更好、成長、持續開發魅力，可能也不再對自己的興趣、交友那麼熱衷。

「穩定的感情」建立了一個好像一切都沒關係的假象，就像是惡魔化身成為天使引誘我們一步一步前往地獄，我們還以為自己在往天堂前進。但宇宙的真實是「變」，而不是「不變」，這也是為什麼很多穩定的情侶看似好像很穩定，卻突然間分手，讓身邊的人都措手不及。

我也一直以為自己並沒有停止成長，以為自己沒有把愛情當成人生快樂的主要來源。但其實事實上就是漸漸變成如此，不論我有沒有意識到或承認。雖然表現上看起來是我在照顧他跟給予，但實際上是我用這種方式來確保自己是一個值得被愛的人。

我們的關係並不平衡，我一直以為是我占上風，但現在想想，我從來沒占上風，這段關係從一開始到現在都是他在主導走向，我只是回應，然後受他的影響慢慢愛上他。而那些看起來像是付出跟傷害他自尊的行為，只是我認為自己不足所產生的反應而已。他真正失去興趣的，是已經把我的自我價值跟快樂綁在他給的愛上面的我。

我對工作變得沒那麼熱情，因為覺得好像沒有那麼必要一直要有個遠大目標。

我對運動變得沒那麼勤奮，因為不知不覺，覺得好像沒那麼必要。

我變得好像沒有交友的需求，因為覺得好像沒那麼必要。

我變得好像對很多事情都不太注意，也不會去思考怎麼讓生活變有趣，因為覺得沒有必要。

我停止了持續練習讓自己更有魅力，因為覺得沒有必要。

這些好像「沒有必要」全都是因為我開始漸漸依賴他的存在，依賴他給我的愛情。原來我已經在關係裡失去自我，但固執的我不願意相信我有失去自我，因為失去自我不是我這種看似堅強、教學生不要失去自我的女人會做出來的行為。

但為什麼單身的時候不會這樣呢？因為單身的時候時間、空間幾乎是屬於自己的，也沒有一個固定的人好像會持續給予愛、快樂跟陪伴，又加上我們會想要讓自己在兩性市場上更搶手，所以會去努力讓自己的生活，在愛情之外過得非常有意義。

但不見得在單身的時候過得很充實，很會鞭策自己，就等於我們不需要處理這個「穩定的惡魔」的課題。因為也許還沒墜入愛河，或是真正體驗過把自己完全交給一個人之前，可能很難真正學會這件事。只有當我們在愛情中失去自己，走過這條舒服卻又邪惡的路途，才「有機會」真正學會如何在關係中交付真心的同時，了解穩定其實是種假象，而不至於失去自己。

時間並不會抹煞愛情，愛情中相信了「穩定的假象」的情侶才會。

我當時以為那是因為他對我的感覺變質，是一個不可逆反應，那就是我的命，所以就算問題源頭解決了，也不會使關係變更好。事實上，造成他對我感覺變質的原因，並不是那些事件，而是那些事件背後代表的意義。這也就是為什麼在復合的兩個月期間，我嘗試去改善過去的那些表象的問題，問題也的確改善了，但關係卻沒有改變。是我相信了穩定的假象的這個前提存在，提供了「關係枯萎」這個種子生長的完美溫室。

你以前是會害羞的

那既然如此，要如何才能談一輩子的戀愛？要談一輩子的戀愛，就是一直有意識地保持自我，讓自己有辦法不斷重回「自己是個戀愛中的男人／女人」的狀態裡，對對方保持好奇心、想要誘惑對方、使對方開心且有戀愛感的自我狀態裡。

前男友跟我說過一句話，讓我印象深刻，他說：「你以前是會害羞的。」我一直以為本來兩個人交往久了，連對方裸體都會看膩，還害羞個屁？後來我發現，那是我們把對方跟自己都當成理所當然時，才會產生的狀態。

交往後期，我發現我跟「女人」這個角色已經脫節了，我同時也不將對方當成一個男人看待。我不再認為自己有吸引力，也不認為自己性感，我開始必須從對方對我的反應中來獲得這方面的肯定，我的心靈變得……很脆弱。我記得當我們兩個在戀愛狀態時，我根本沒有懷疑過自己的魅力。反過來說，也因為我不再將對方當成男人看待，所以我才無法「害羞」。

關係中有個定律，當我們開始將對方視為逃避人生其他問題的避難所，這段關係就會瞬間從戀愛氛圍變成壓力氛圍。當關係處在戀愛氛圍時，我們都是將自己的精神能量「傾注」在這段關係裡的狀態，而戀愛氛圍消失時，都是我們開始從這段關係或是對方身上「吸取」精神能量時。

也就是說，要跟同一個人談一輩子的戀愛並不是不可能的事情，只要彼此有意識地保持自我，我個人認為尤其女性要更注意這點，因為女性基本上是引導男性的能量，根據我多年來的觀察，發現關係最終變成什麼樣子，其實都是女方潛意識認知自己應該獲得什麼關係，潛意識認為男人是怎樣，對方就會變成怎樣。

對彼此「膩了」的源頭，在於我們對自己下了太多的框架跟限制，以至於沒有辦法隨心所欲的變化、展現自己，這呼應到上一小節所提到的尊重自己，我們內心對於自己的感受，以及根據這個感受所想要呈現的自我，產生很多價值判斷，這也是為什麼大部分的人會無法「多變」的原因。

但事實上人的本質本來就是很多層次、多元面向的。我們會因為內心害怕、批判的聲音越來越大，要求自己一定要呈現那個價值判斷體下之下所認為「好」的樣子。想想我們剛開始在跟對方談戀愛時，肯定是比現在還要充滿「玩心」。

而當一個人能夠自主地對生活產生「玩心」，讓自己在人生不同階段根據自己的感受來體驗、嘗試不同事物，當我們真正活得「自由自在」時，本來就會一直變。

其實根本不需要特意去追求什麼「成長」，在關係裡要不斷追求成長實在是太累了。成長這件事若是刻意追求，又會形成一種壓力，我們可以想想小時候不斷在學習、成長，那是不需要刻意去追求的東西，因為我們自然會去尋找讓自己能夠投入的「好玩」事物，而能夠讓我們享受、投入而且好玩的活動，本來就是學習的最佳管道。

人生的每個時期會想要做、嘗試的東西都不太一樣。喜歡吃的、想要穿的風格、想要學的東西、想要去的地方都不會一樣，而這就是可以支撐我們在關係中維持「變化性」的一環。只要我們不對自己有所限制，讓自己能夠隨心所欲的生活，那就是能夠維持「新鮮感」的最好辦法。也就是說，過得自由快樂的人，本來就不用費心去維持新鮮感。

無法尊重自己，就無法尊重對方，也會想要控制結果、控制對方的自由。因為我們認為只有對方的行動在我們預測跟我們認為安全的範圍之內，才會覺得安心。但這也是關係會越來越糟的元兇之一，它不僅限縮了彼此的變化性，也在控制之中使得對方能累積許多憤怒與不滿。

我們都很容易認為，一旦「給對方太多自由」，對方就會無法無天，做出許多傷害自己的事。但關於這件事我想問幾個問題：

❶ **為什麼預設對方有了自由就會傷害你？**如果真的是如此，當初為什麼要跟只要有了自由就會選擇傷害你的人在一起？如果不是如此，又為什麼要將對方當成犯罪的潛在對象？這樣關係裡還有信任可言嗎？

❷ 我們在看任何電影、影集時都應該會有一個常識，那就是不管是什麼角色，

要取得他人的高度忠誠、使某人為我們赴湯蹈火，都不是藉由創造「牢籠」可以取得的結果吧？

一個服你的人，不管你給他再多的自由，他都會選擇對你忠誠，選擇去做會讓你開心的事。我們的另一半想選擇讓我們不開心的事，很多時候就只是一種「因為被限制了自由，所以想反抗」的心理而已。光是有自己擁有可以限制對方自由，有「給對方多少自由」的權力，就已經很明顯地承認自己根本沒有使別人自發地想對自己忠誠的本事，所以才需要藉由牢籠限制一個個體原本就享有的自由，不是嗎？

在真實生活裡，我們也經由失敗的關係不斷證實，限制他人的自由是死路一條，對方最後累積到臨界值一定會受不了而離開。那麼既然這條是一條死路，那活路是怎麼樣？活路很簡單，就是使自己變成一個「有本事讓擁有完全自由的人想要讓我開心」的那種人啊。也就是學會「愛」，而不是誤把付出、自我滿足、強加自己認為好的事情在對方身上這些行為當成是愛。

維持戀愛中的少女狀態

因此，想要談一輩子的戀愛，就要有能力不斷讓自己變回「戀愛中的少女」，而不是得依靠對方來提供戀愛感。要讓自己可以回到戀愛中的少女的狀態，就要一直讓自己處於「易於邂逅」的自我狀態，擁有開放柔軟的心。

談戀愛真的是這個世界上最棒的感受，而如果能透過自己就能創造戀愛感，那實在是太棒了！所謂戀愛中的少女，對我自己來說，就是一種自我陶醉，陶醉於這段關係的未知、陶醉於自己可愛的形象、陶醉於因為喜歡對方而心情起伏的刺激。而只要我們能夠不斷地為自己創造這種自我陶醉，並且從生活中的小地方開始實踐它，要談一輩子戀愛實在不是什麼做不到的事情。

所謂的「戀愛感」，其實是發現自己可愛、害羞等所謂少女的自己，也因此我們若能不受限，在自己喜歡的時刻，可以隨心所欲展現自己少女的情懷，那麼戀愛感就不會消逝。

女人之所以會變成「大媽」、「黃臉婆」，其實並不是誰的錯，只是因為給自己太多「自我設限」。我都這把年紀了！我都當媽了！我都如何如何了！這樣不是會被笑嗎？我們就在這樣的自我設限中漸漸失去了女人的樣子、女人的柔情。也會以為自己真的失去了吸引力。

拿我媽媽作為例子，離婚後她打擊很大，所以下定決心改變自己，讓自己成為有魅力的女人。她離婚前幾乎不打扮，也不太投資在自己身上，雖然是一個盡責的媽媽，但卻不是一個快樂的媽媽。她離婚時已經五十五歲左右，現在看起來比幾年前還要年輕至少十五歲。因為她讓自己有資格變回女人、少女，讓自己可以戀愛、撒嬌、被男人捧在手心上。她「允許」自己拿掉那些自我設限，去做真正身為一個女人的自己會感到快樂的事，讓自己美美的、被人稱讚、被人疼愛。連我媽都可以，有什麼道理在看這本書的你不行呢？

如果能一直讓自己處在「戀愛狀態」，就算離婚、分手也沒什麼大不了，根本不會害怕自己沒有選擇，因為能夠讓自己處於接受戀愛狀態的女人就是最耀眼的。我們要做所有會讓讓自己感覺自己更美好的事，不論是照顧自己的身體、打扮自己、整理裝飾環境、買香氛、買花，還是享受美食，這都是自我陶醉的一部分。

只要我們能夠享受自我，我們就不需要「努力」讓自己變得更有魅力。他人感受到的「魅力」，是一個人想要享受自我，希望在生活中創造各種給自己的愉悅感所自然產生的結果。

過去我總認為經營關係很麻煩，因為有好多需要「刻意努力」的項目，但是我卻沒有想過，這些其實如果是我是為了自己，而打從心底喜歡去做的事情，就不會產生需要努力的耗能。

因為真正喜歡的事，是不需要「努力」，也不會感覺到「辛苦」的。如果我們很喜歡吃美食，為了吃美食開很久的車、走很遠的路，也不會覺得有什麼辛苦的。如果我們很喜歡看漫畫，看到半夜、犧牲睡眠也不會覺得有什麼辛苦的。如果我們很喜歡爬山，就不會把爬山過程的汗水當成「辛苦」的事，而是享受。我們都在因為喜歡這件事而享受整個過程，接受它的代價。

需要「努力」的事，都是經由別人給我們的好壞對錯的立場之下，所選擇的「好」的事、「應該」去做的事、「聰明」的事、「有效率」的事……這些引號裡面都是證明這件事值得做的「理由」，而如果當我們做一件事時需要去證明它值得去做，就表示那並不是我們真正想做的。

因為當我們去做真正喜歡的事、真正想要做的事時，是不需要任何理由的，我們就是想要去做。想要享受其中的好玩、想要體驗喜歡的事情的一切、想要體驗過程。當我們真正想要去做一件事，甚至它會成為我們面對恐懼的強大動因。

但是大部分的人產生想談戀愛的動因，並不是他們真正想要去談一場戀愛，而是他們想要藉由戀愛來逃避不想要面對的事。這樣的出發點，就會慢慢地讓每段感情都越來越枯萎，而不是越來越茁壯。如果是想藉由戀愛來逃避，我們就不會想要接受戀愛所帶來的那些痛苦，也就會在感情中蒙蔽自己，藉由掉進幻想裡來逃避現實。

直到再也不能逃避的時候，也就是巨大的痛苦出現的時候。那就看你是要藉由這個痛苦學習不要繼續逃避，勇敢面對之後讓自己學會「真正想談戀愛」的那份強大。

還是要繼續逃避，希望有一個「對的人」可以翻轉你的世界，依賴這個人、奪取你快樂的決定權，藉由它讓你「重新相信」愛情呢？

我只能說，只有選擇前者的人，才有辦法真正學會愛，並且談一輩子的戀愛。

優生活101

有一種分手叫不遺憾

練習停止內耗，走出不安和失控，
戀愛需要理解彼此、成全自己

作　　者——AWE情感工作室 文飛（Dana）
主　　編——楊淑媚
責任編輯——朱晏瑭
封面設計——張巖
內文設計——林曉涵
校　　對——朱晏瑭、楊淑媚
行銷企劃——謝儀方

總 編 輯——梁芳春
董 事 長——趙政岷
出 版 者——時報文化出版企業股份有限公司
一〇八〇一九臺北市和平西路三段二四〇號七樓
發行專線——（〇二）二三〇六六八四二
讀者服務專線——〇八〇〇二三一七〇五
（〇二）二三〇四七一〇三
讀者服務傳真——（〇二）二三〇四六八五八
郵　　撥——一九三四四七二四　時報文化出版公司
信　　箱——一〇八九九　臺北華江橋郵局第九九信箱

時報悅讀網——www.readingtimes.com.tw
電子郵件信箱——yoho@readingtimes.com.tw
法律顧問——理律法律事務所 陳長文律師、李念祖律師
印　　刷——勁達印刷有限公司
初版一刷——二〇二〇年六月十九日
初版十刷——二〇二四年四月十一日
定　　價——新臺幣三二〇元

時報文化出版公司成立於 1975 年，並於 1999 年股票上櫃公開發行，
於 2008 年脫離中時集團非屬旺中，以「尊重智慧與創意的文化事業」為信念。

ISBN 978-957-13-8225-8
Printed in Taiwan

有一種分手叫不遺憾 / AWE情感工作室, 文飛
(Dana)作. -- 初版. -- 臺北市 : 時報文化, 2020.06
面；　公分
ISBN 978-957-13-8225-8(平裝)

1.戀愛心理學 2.兩性關係
544.37　　　　109007090

有一種分手叫不遺憾

—抽獎回函—

我們如何去定義世界，會塑形我們的所有感受與經驗，因此很多時候要面對人生給的困難，其實不在於如何把身外的問題解決，而是我們如何去看待我們的潛意識，與如何解構這個問題。

請完整填寫本回函資料，並於 2020/8/31 前（以郵戳為憑）寄回時報出版，即可參加抽獎，有機會獲得 AWE 情感工作室**【破解自我價值的奧秘】課程**（價值 1200 元，單次講座 2 小時，名額共 5 名）。

活動辦法：

1. 請剪下本回函，填寫個人資料，並黏封好寄回時報出版（無需貼郵票），將抽出 5 名讀者。
2. 將於 2020/9/25 在「AWE 情感工作室」FB 粉絲頁公布得獎名單，並由專人通知得獎。
3. 若於 2020/9/30 前出版社未能聯絡上得獎者，視同放棄。

對折線

在愛情裡，你最想解惑的問題是什麼？

____

____

讀者資料（請務必完整填寫並可供辨識，以便通知活動得獎以及相關訊息）

姓名：______________________ □先生　□小姐

年齡：______________ 職業：______________

聯絡電話：(H)______________ (M)______________

地址：□□□______________________

____

E-mail：______________________

注意事項：
1. 本回函不得影印使用。
2. 本公司保有活動辦法變更之權利。
3. 若有任何疑問，請洽 (02)2306-6600#8240 謝小姐。
4. 課程兌換日期與地點：本課堂約一個半月開課乙次，依 AWE 情感工作室 FB 粉絲頁與官網公告為主，得獎者請自行選擇能夠前往參加的時間並事先私訊粉絲頁預約。
5. 使用時間：至 2021 年 4 月 30 日止。

※請對折黏封後直接投入郵筒，請不要使用釘書機。

時報文化出版股份有限公司

108019 台北市萬華區和平西路三段 240 號 7 樓

第五編輯部優活線 收

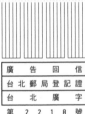